乗《じょう》馬《ば》クラブ

沼田恭子《ぬまたきょうこ》さんが夫《おっと》・和馬《かずま》さんの夢《ゆめ》をのせて開《ひら》いた乗馬《じょうば》クラブ「イグレット」は千葉県《ちばけん》にある。

『イグレット』のシンボルマーク。イグレットとはシラサギのこと。沼田《ぬまた》さんをささえてくれたオセロの背《せ》にシラサギが乗《の》っているすがたをモチーフにした。

弧《こ》をえがく形《かたち》の厩舎《きゅうしゃ》（馬《うま》を飼《か》う小屋《こや》）。向《む》かって右《みぎ》のおくには、クラブハウス（クラブの会員《かいいん》のための集会所《しゅうかいじょ》）がある。

厩舎《きゅうしゃ》の中《なか》。馬房《ばぼう》（馬《うま》の部屋《へや》）ごとに仕切《しき》られている。

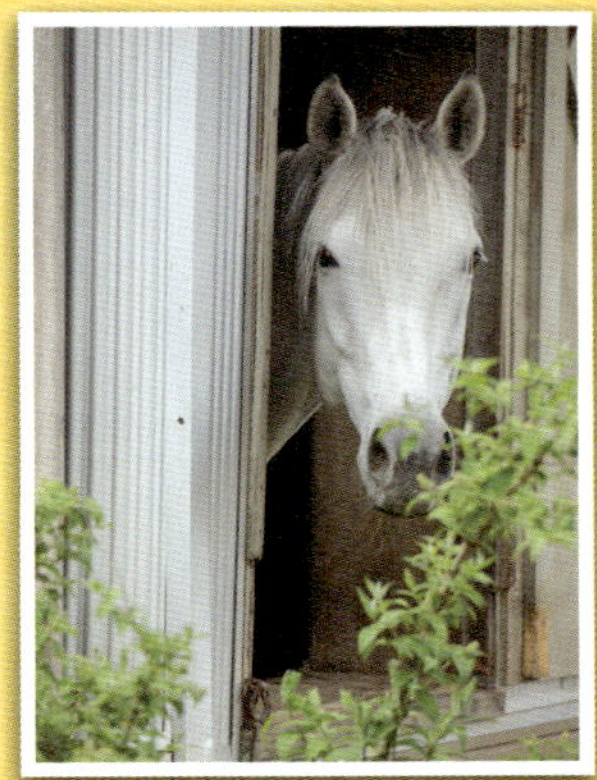

馬房《ばぼう》の窓《まど》から顔《かお》を出《だ》すピーエムイレブン（10歳《さい》）。名馬《めいば》トウカイテイオーの子《こ》で、引退直後《いんたいちょくご》は気性《きしょう》が荒《あら》く、世話《せわ》をするのが大変《たいへん》だった。ポニーたちのいる厩舎《きゅうしゃ》で生活《せいかつ》するうちにどんどんおだやかに。

馬《うま》たちの朝《あさ》

日《ひ》の出《で》とともにはじまる放牧《ほうぼく》。馬《うま》を順番《じゅんばん》に外《そと》に出《だ》して自由《じゆう》にする。放牧地《ほうぼくち》は柵《さく》で区切《くぎ》られているので、相性《あいしょう》のいい馬《うま》どうしを組《く》み合《あ》わせてはなす。

ならんで草《くさ》をはむ、ジェニー（28歳《さい》・向《む》かって左《ひだり》）と、ハリマブライト（22歳《さい》）。
ジェニーは沼田《ぬまた》さんが和馬《かずま》さんと乗馬《じょうば》クラブを始《はじ》めるときにいっしょに選《えら》んで購入《こうにゅう》した思《おも》い出《で》の馬《うま》。ハリマブライトは『引退馬協会《いんたいばきょうかい》』からあずかっている馬《うま》。

好奇心《こうきしん》いっぱいに近《ちか》づいてきたリュシータ（7歳《さい》）。

向《む》かって左《ひだり》のジェニーと真《ま》ん中《なか》のハリマブライトの仲良《なかよ》しコンビに、ぼくもぼくもとくっついてきた、やんちゃな、ぽっくるくん（8歳《さい》）。

引退馬《いんたいば》の命《いのち》を守《まも》る

引退《いんたい》した馬《うま》をフォスターホース（里子《さとご》の馬《うま》）にする。フォスターペアレント（里親《さとおや》）を募集《ぼしゅう》して資金《しきん》を出《だ》してもらい、フォスターホースをやしなう費用《ひよう》にあてる。沼田《ぬまた》さんが、はじめた制度《せいど》だ。

フォスターホース第《だい》1号《ごう》となったグラールストーン。やさしい性格《せいかく》でだれからも好《す》かれた。©川越弘子《かわごえひろこ》

フォスターホース第《だい》2号《ごう》、ハリマブライト。食《く》いしん坊《ぼう》でマイペース、若《わか》い馬《うま》たちの姉御《あねご》のような存在《そんざい》。今《いま》も『イグレット』で元気《げんき》にすごしている。

「天馬《てんま》」とよばれた名馬《めいば》トウショウボーイの子《こ》、トウショウフェノマ。フォスターホースとして沼田《ぬまた》さんの牧場《ぼくじょう》にむかえられた当初《とうしょ》は、荒《あ》れていて、人《ひと》をよせつけようとしなかった。©朝内大助《あさうちだいすけ》

口絵 撮影《さつえい》／杉山和行《すぎやまかずゆき》（講談社写真部《こうだんしゃしゃしんぶ》）。※馬《うま》の年齢《ねんれい》は2017年現在《ねんげんざい》。

東《ひがし》日《に》本《ほん》大《だい》震《しん》災《さい》の 被《ひ》災《さい》馬《ば》を救《すく》う

地震《じしん》による津波《つなみ》で被害《ひがい》をうけ、福島第一原子力発電所事故《ふくしまだいいちげんしりょくはつでんしょじこ》により避難《ひなん》することになった福島県南相馬市《ふくしまけんみなみそうまし》。野馬追《のまおい》という馬《うま》の祭《まつ》りがおこなわれる地域《ちいき》でもあり、たくさんの馬《うま》が飼《か》われていた。沼田《ぬまた》さんが代表《だいひょう》をつとめるNPO法人《エヌピーオーほうじん》『引退馬協会《いんたいばきょうかい》』は、馬《うま》を救《すく》う活動《かつどう》を行《おこな》った。

T《ティー》さんの厩舎《きゅうしゃ》の中《なか》。

東日本大震災《ひがしにほんだいしんさい》で津波《つなみ》の被害《ひがい》にあったT《ティー》さんの厩舎《きゅうしゃ》。40頭中《とうちゅう》12頭《とう》の馬《うま》が命《いのち》を落《お》とした。生《い》き残《のこ》った馬《うま》も、やせ細《ほそ》り、皮膚病《ひふびょう》にかかっていた。

津波《つなみ》で流《なが》されたコンテナには、馬《うま》の飼料《しりょう》（食糧《しょくりょう》）が入《はい》っていた。

このページの写真《しゃしん》は、すべて、2011年《ねん》4月《がつ》、福島県南相馬市《ふくしまけんみなみそうまし》で沼田恭子《ぬまたきょうこ》さんが撮影《さつえい》。

生《い》きているだけでいい！

馬《うま》がおしえてくれたこと

倉《くら》橋《はし》燿《よう》子《こ》／作《さく》

講談社 青い鳥文庫

はじめに

みなさんは、馬《うま》を近《ちか》くで見《み》たことがありますか——？

そうたずねたら、きっとこんな答《こた》えがかえってくるんじゃないかな？

「テレビや映画《えいが》でしか見《み》たことがない。」「ポニーだったら乗《の》ったことがある。」

むかしは人々《ひとびと》にとって身近《みぢか》だった馬《うま》も、今《いま》は少《すこ》し遠《とお》い存在《そんざい》かもしれません。

じっさいに目《め》の前《まえ》で馬《うま》を見《み》た子《こ》たちは、

「わあ、馬《うま》だー、すごーい！」「めっちゃ大《おお》きいー！」

など、みんな、びっくりして大《おお》きな声《こえ》をあげます。

たとえば、サラブレッドという種類《しゅるい》の馬《うま》は、地面《じめん》から肩《かた》までの高《たか》さが、百六十〜百七十センチくらいあるし、体《からだ》もう〜んと大《おお》きくて、体重《たいじゅう》は四百五十〜五百キロもあるんです。

馬《うま》のほうも、人間《にんげん》に興味《きょうみ》しんしん。だから、人《ひと》が近《ちか》づくと、ニュ〜ッと首《くび》をのばしてきます。

馬《うま》は人間《にんげん》が好《す》きなんです。そして、馬《うま》には、人《ひと》をいやしたり、元気《げんき》にしたりする力《ちから》があると、わたしは思《おも》っています。

じっさいに、わたしの小《ちい》さいころからの友《とも》だちである沼田恭子《ぬまたきょうこ》さんも、馬《うま》に元気《げんき》にしてもらった一人《ひとり》。たくさんのことを馬《うま》たちに教《おそ》わったとも言《い》っていて、なんと今《いま》は、馬《うま》の命《いのち》を助《たす》ける仕事《しごと》をしています。

沼田《ぬまた》さんと馬《うま》たちとのかかわりを、ずっと見《み》たり、聞《き》いたりしてきたわたしは、その物語《ものがたり》を、たくさんの人《ひと》に知《し》ってもらいたいと思《おも》うようになりました。

そこで、彼女《かのじょ》の人生《じんせい》におきたことをわたしが沼田《ぬまた》さんになりかわって書《か》くことにしました。

いったい馬《うま》たちは、なにを沼田《ぬまた》さんに教《おし》えてくれたのでしょうか？

倉橋燿子《くらはしようこ》

もくじ

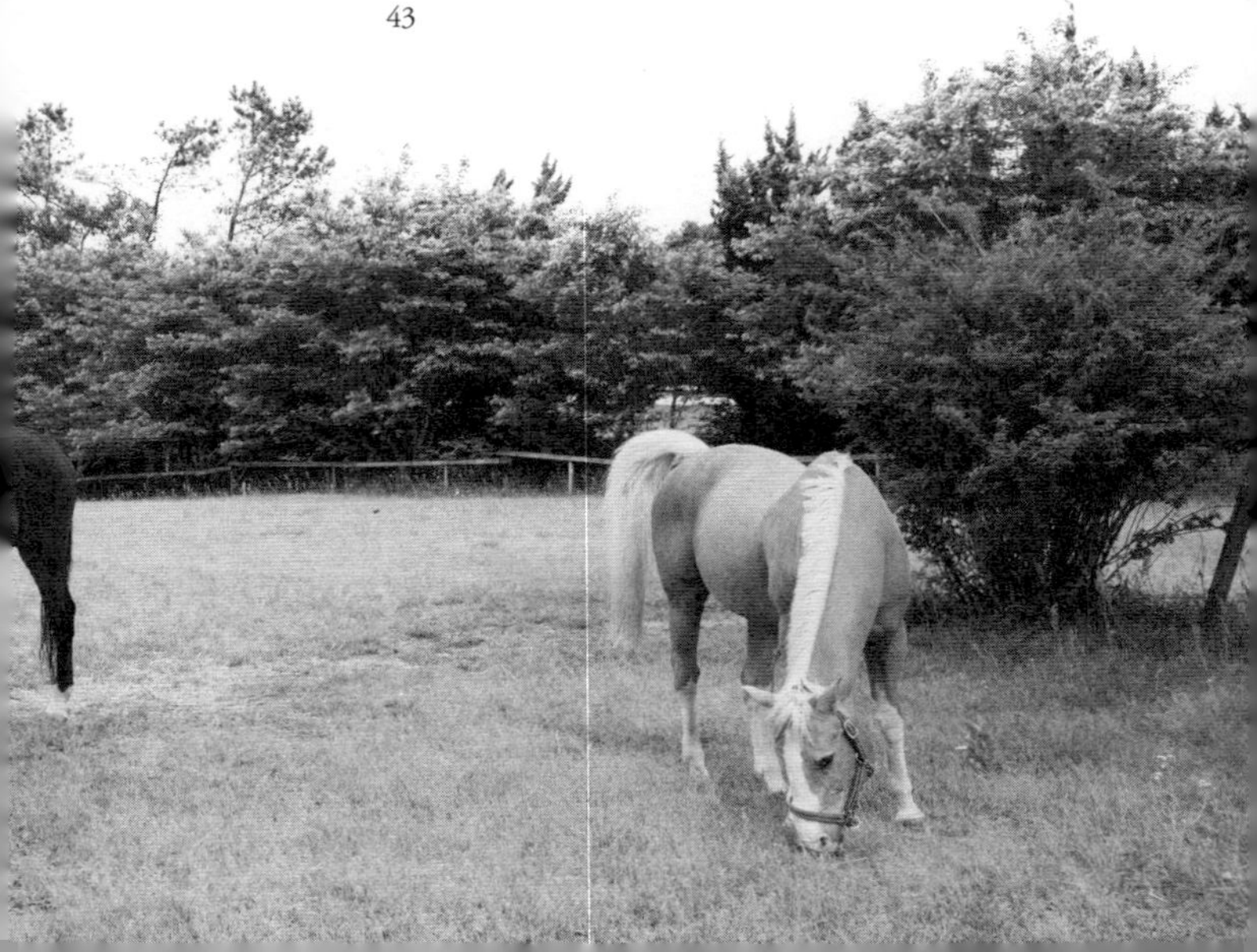

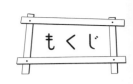

1 馬《うま》との出会《であ》い

「認定《にんてい》NPO《エヌピーオー》法人《ほうじん》引退《いんたい》馬《ば》協会《きょうかい》」。ちょっとむずかしい名前《なまえ》だけど、これが、わたし――沼《ぬま》田《た》恭子《きょうこ》が代表《だいひょう》をつとめる団体《だんたい》の名前《なまえ》だ。

〝引退馬《いんたいば》〟とは、はたらけなくなった馬《うま》（乗馬《じょうば》・馬術《ばじゅつ》などをふくむ）のこと。人間《にんげん》にたとえると、引退《いんたい》したプロのスポーツ選手《せんしゅ》と同《おな》じ立場《たちば》かな。

はたらく馬《うま》として、いちばんよく知《し》られているのが、競馬《けいば》に出《で》ている競走馬《きょうそうば》かもしれない。競馬《けいば》というのは、人《ひと》が馬《うま》に乗《の》って着順《ちゃくじゅん》を競《きそ》うスポーツのこと。

レースに出《で》るのは、おもにサラブレッドという種類《しゅるい》の馬《うま》で、とにかく速《はや》く走《はし》ることを目《もく》的《てき》に改良《かいりょう》されてきた。

牧場《ぼくじょう》で競走馬《きょうそうば》になるために生《う》まれ、レースに出《で》るくんれんを受《う》けたあと、早《はや》ければ二歳《さい》でデビューする。
毎年《まいとし》、いったいどれくらいの競走馬《きょうそうば》が生《う》まれているかというと、二〇一五年《ねん》には、六千八百五十六頭《とう》。（「平成《へいせい》28年度《ねんど》 馬《うま》関係資料《かんけいしりょう》／農林水産省発行《のうりんすいさんしょうはっこう》」より）

そのなかで、競走馬《きょうそうば》になってレースに出《で》られるのは、六千二百頭前後《とうぜんご》だ。競走馬《きょうそうば》になれなかった馬《うま》は食用《しょくよう》にされてしまうことが多《おお》い。

競走馬《きょうそうば》になったとしても、けがをしたり、タイムがおそくなったりして、勝《か》てなくなった馬《うま》はレースに出場《しゅつじょう》することができなくなる。サラブレッドの寿命《じゅみょう》は二十～三十年《ねん》と言《い》われているが、すごくか

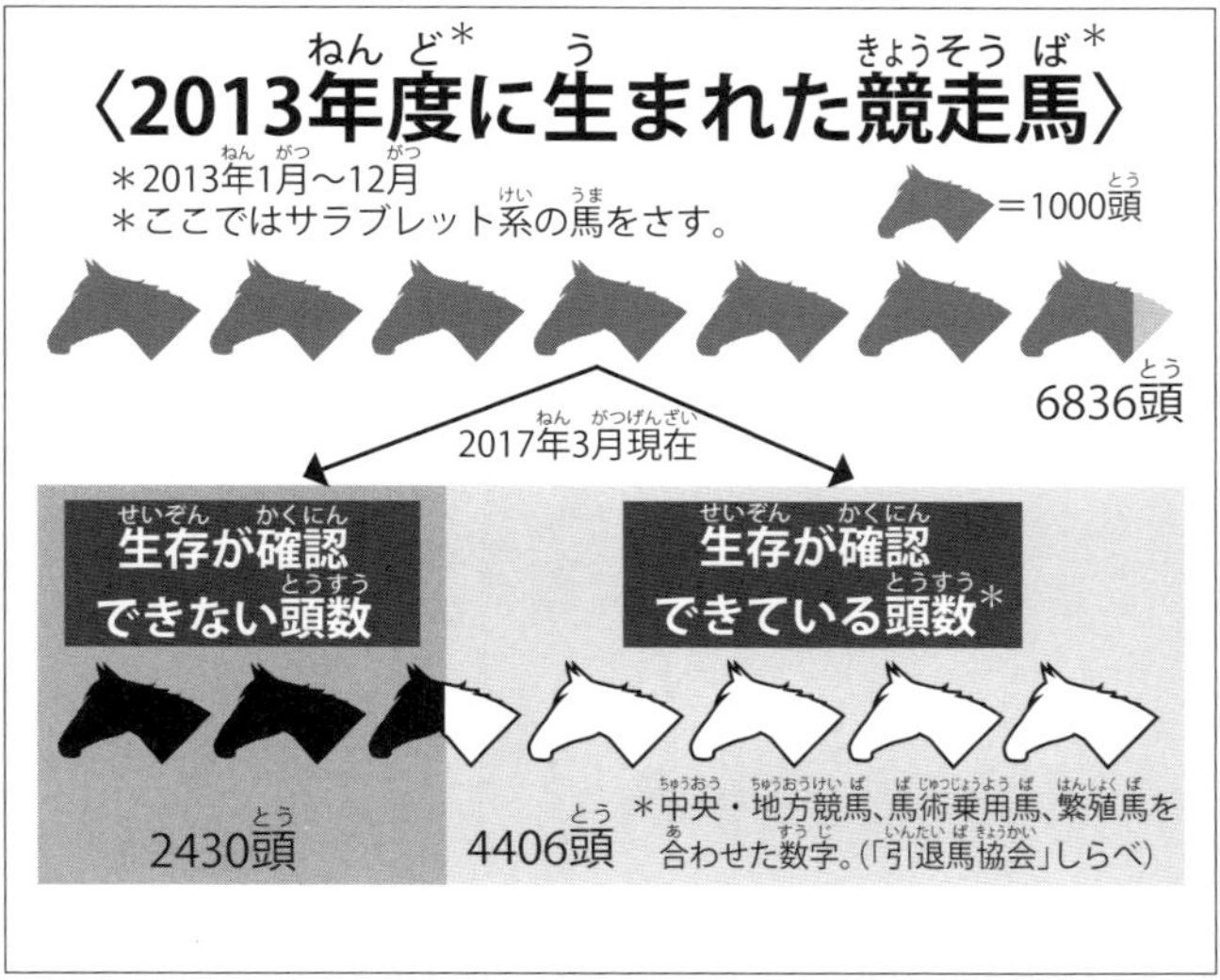

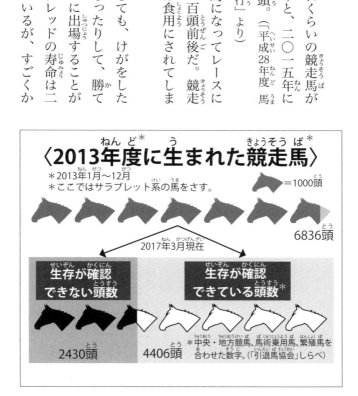

つやくしても、十歳《さい》くらいまでにほとんどの馬《うま》が引退《いんたい》する。

引退《いんたい》したあとは新《あたら》しい飼《か》い主《ぬし》が買《か》いとったり、今《いま》までとちがう仕事《しごと》についたりする。

二〇一五年《ねん》には、五千百六十七頭《とう》が中央競馬《ちゅうおうけいば》の競走馬登録《きょうそうばとうろく》を取《と》り消《け》され、引退馬《いんたいば》になった。多《おお》くは地方競馬《ちほうけいば》にうつった。速《はや》く走《はし》る子馬《こうま》を作《つく》るための繁殖馬《はんしょくば》になる馬《うま》もいる。

乗馬《じょうば》クラブにうつった馬《うま》は、千百九十四頭《とう》。だけど、本当《ほんとう》にぜんぶの馬《うま》が、乗馬《じょうば》クラブに行《い》ったかどうかは、はっきりしていない。

行《い》ったとしても、次《つぎ》の場所《ばしょ》で仕事《しごと》に向《む》かないと思《おも》われれば、またべつのところに売《う》られてしまう。そうして、売《う》られていくうちに、ゆくえがわからなくなり、最終的《さいしゅうてき》には、かなりの頭数《とうすう》が食肉《しょくにく》にされてしまうのだ。

競馬《けいば》や乗馬《じょうば》といったスポーツのために生産《せいさん》された馬《うま》たちの命《いのち》を使《つか》いすてにしてよいのだろうか？　なんとかして馬《うま》たちの命《いのち》を守《まも》りたい。

——だから、わたしたちは、引退馬《いんたいば》たちが少《すこ》しでも長《なが》くかつやくできるよう、ささえる活動《かつどう》をしている。

また、わたしは千葉県《ちばけん》で「乗馬倶楽部《じょうばくらぶ》イグレット」という乗馬《じょうば》クラブも経営《けいえい》している。

乗馬《じょうば》クラブは馬《うま》を何頭《なんとう》も飼《か》っていて、馬《うま》とふれあう喜《よろこ》びや、馬《うま》に乗《の》る楽《たの》しさを感《かん》じてもらう場所《ばしょ》。入会《にゅうかい》して会員《かいいん》になった人《ひと》が、乗馬《じょうば》をしにクラブに通《かよ》うのが基本《きほん》だ。

会員《かいいん》のなかには、お金《かね》をはらって、自分《じぶん》の馬《うま》を乗馬《じょうば》クラブにあずける人《ひと》もいる。

乗馬《じょうば》は、子《こ》どもたちからお年寄《としよ》りまで、どの年代《ねんだい》でも楽《たの》しめるスポーツだ。

馬術競技《ばじゅつきょうぎ》は、オリンピックの種目《しゅもく》にもなっている。オリンピックでただひとつ、動物《どうぶつ》といっしょに出場《しゅつじょう》できる種目《しゅもく》だ。

馬術大会出場《ばじゅつたいかいしゅつじょう》をめざして、乗馬《じょうば》クラブで馬《ば》

〈現在《げんざい》「イグレット」にいる馬《うま》〉

「引退馬協会《いんたいばきょうかい》」がひきとった馬《うま》
〔一部《いちぶ》はフォスターホース(里子《さとご》)に〕

乗馬《じょうば》クラブ「イグレット」が所有《しょゆう》している馬《うま》

乗馬《じょうば》クラブ「イグレット」の会員《かいいん》が所有《しょゆう》している馬《うま》〔あずかっている〕

術《じゅつ》や障害《しょうがい》のとび方《かた》をレッスンする人《ひと》もいるし、自分《じぶん》の健康《けんこう》のために馬《うま》に乗《の》る人《ひと》もいる。

今《いま》、イグレットにはサラブレッド（軽種《けいしゅ》）以外《いがい》にも、ポニーやそれより少《すこ》し大《おお》きい中間種《ちゅうかんしゅ》などいろいろな種類《しゅるい》の馬《うま》が三十四頭《とう》いる（二〇一七年現在《ねんげんざい》）。

馬《うま》だけではなく、犬《いぬ》が五匹《ひき》に猫《ねこ》が七匹《ひき》、それにニワトリもいるから、毎日《まいにち》それはにぎやかだ。

「小《ちい》さいころから馬《うま》が好《す》きだったんですか？」

ふたつの馬《うま》の団体《だんたい》の代表《だいひょう》をしているせいか、よくこう聞《き》かれるが、とんでもない。

かつてのわたしは、馬《うま》どころか動物《どうぶつ》すべてがにがてだった。

わたしは一九五二年《ねん》に、広島県北部《ひろしまけんほくぶ》にある山《やま》あいの小《ちい》さな町《まち》で生《う》まれた。

山々《やまやま》にかこまれたその町《まち》は、田《た》んぼが遠《とお》くまで広《ひろ》がっていて、川《かわ》など底《そこ》がすけて見《み》えるほど自然《しぜん》ゆたかな土地《とち》だった。

春《はる》にはチョウチョが、秋《あき》にはトンボが飛《と》びかい、小川《おがわ》にはメダカの行列《ぎょうれつ》。ときにはクマやイノシシが出《で》てくることも……。

そんな田舎町《いなかまち》で育《そだ》ちながらも、わたしはどうにも動物《どうぶつ》がにがてだった。

小学《しょうがく》四年生《ねんせい》のころ、おさななじみと二人《ふたり》、近所《きんじょ》の犬《いぬ》に追《お》いかけられたことがある。それでますます動物《どうぶつ》がこわくなった。

そんなわたしが、まさか今《いま》のような仕事《しごと》をすることになるなんて、そのころは夢《ゆめ》にも思《おも》っていなかった。

馬《うま》とかかわることになったきっかけは、大学《だいがく》に合格《ごうかく》して東京《とうきょう》に出《で》てきたこと。一人《ひとり》ぐらしを始《はじ》めたわたしは、ある日《ひ》テレビドラマのワンシーンに目《め》がとまった。

「わっ、かっこいい!!」

画面《がめん》には、黒《くろ》いジャケットに白《しろ》いパンツ、頭《あたま》にはシルクハットをかぶって、白馬《はくば》に乗《の》っている女性《じょせい》がうつっていた。

背《せ》すじをピンとのばして、馬《うま》に乗《の》るすがたは、さっそうとして、かっこいい。

わたしも、こんなふうに馬《うま》に乗《の》ってみたい。

そう思《おも》ったらウズウズしてきた。わたしはなにかに興味《きょうみ》がわいたら、とにかくやってみないと気《き》がすまない性格《せいかく》なのだ。

大学《だいがく》二年生《ねんせい》だったわたしは、すぐさま乗馬《じょうば》クラブをさがしはじめた。

ある旅行会社《りょこうがいしゃ》に行《い》ったとき、パンフレットが目《め》にとまる。それは、栃木県《とちぎけん》の那須《なす》にある、「那須《なす》ハイランドパーク」という乗馬《じょうば》クラブだった。

緑《みどり》の中《なか》で馬《うま》に乗《の》っている写真《しゃしん》が、気持《きも》ちよさそうだ。さっそく乗馬体験《じょうばたいけん》に申《もう》しこみ、期待《きたい》に胸《むね》をふくらませて参加《さんか》する。ところが、馬《うま》に乗《の》ったとたん。

「キャー、こわーい！」

思《おも》わず声《こえ》が出《で》た。ユッサユッサとゆれる背中《せなか》に、リズムが合《あ》わなくて、落《お》っこちてしまいそうだ。

少《すこ》しすると、なれてきたのか、馬《うま》のほうが合《あ》わせてくれているのか、だんだん気持《きも》ちがよくなってきた。視点《してん》がぐんと高《たか》くて、まわりの景色《けしき》の見《み》え方《かた》がまるでちがう。

足《あし》で軽《かる》くおなかをけると、馬《うま》が少《すこ》し速《はや》く歩《ある》きだす。速《はや》いリズムになると、たてがみがゆれ、風《かぜ》が生《う》まれた。

このまま、自由《じゆう》にどこまでも行《い》けたらいいなあ。

乗馬《じょうば》のあとはスタッフに教《おそ》わりながら、馬《うま》の体《からだ》にブラシをかけたり、馬具《ばぐ》(乗馬用《じょうばよう》の道具《どうぐ》)をかたづけていく。服《ふく》に馬《うま》の毛《け》はつくし、ズボンはどろだらけ。

わたしは今《いま》まで、動物《どうぶつ》とくらす生活《せいかつ》をしたことがなかったから、初《はじ》めての体験《たいけん》だ。動物《どうぶつ》の世話《せわ》はたいへんだって知《し》らなかった。それでも、おとなしく世話《せわ》をされる馬《うま》を見《み》ていると心《こころ》がなごんだ。このときの体験《たいけん》がわすれられなくて、わたしはこの乗馬《じょうば》クラブに入会《にゅうかい》した。

そのクラブで出会《であ》ったのが、三歳年上《さいとしうえ》の沼田和馬《ぬまたかずま》さんだ。

「ぼくの家《いえ》は代々《だいだい》、馬《うま》の仕事《しごと》をしているんだ。乗馬《じょうば》は小《ちい》さいころからやってるから、なんでも聞《き》いて。」

和馬《かずま》さんはアルバイトだったけど、馬《うま》のことをよく知《し》っていた。

馬《うま》だけじゃない。動物《どうぶつ》や自然《しぜん》が大好《だいす》きで、とにかく趣味《しゅみ》が多《おお》い人《ひと》だった。たとえば、鳥《とり》。鳴《な》き声《ごえ》だけで種類《しゅるい》がわかるし、説明《せつめい》を始《はじ》めると止《と》まらない。

それからというもの、乗馬以上《じょうばいじょう》に、いろいろなことをやさしく教《おし》えてくれる和馬《かずま》さんとの時間《じかん》が楽《たの》しくて、土日《どにち》になると、毎週《まいしゅう》のように東京《とうきょう》から電車《でんしゃ》で二時間近《じかんちか》くかけて栃木《とちぎ》に通《かよ》った。

和馬《かずま》さんは馬《うま》のことを話《はな》すとき、いつもとても楽《たの》しそうだ。

「馬《うま》はね、すごくこわがりな動物《どうぶつ》なんだよ。だから急《きゅう》に近《ちか》づいたり、馬《うま》から見《み》えない後《うし》ろ側《がわ》にまわってはダメだよ。馬《うま》がびっくりしちゃうからね。耳《みみ》の動《うご》きや表情《ひょうじょう》をよく見《み》て、声《こえ》をかけてあげて。」

「わかった、やってみる。」

わたしが乗馬《じょうば》になれてくると、こんなことも話《はな》してくれた。

「かくしているつもりでも、馬《うま》にはこっちの気持《きも》ちがぜんぶ伝《つた》わっちゃうんだ。とても感《かん》情《じょう》がゆたかな動物《どうぶつ》なんだよ。言《い》うことをきかないなと思《おも》うと、こっちがイライラしていたり、べつのことを考《かんが》えて集中《しゅうちゅう》していなかったりするときなんだよね。」

「へえ、すごーい。どうしてわかっちゃうの？」

「背中《せなか》に人《ひと》を乗《の》せながら、表情《ひょうじょう》や声《こえ》だけじゃなく、全身《ぜんしん》でその人《ひと》のことを感《かん》じとるんだ。

うわの空《そら》だと、馬《うま》にちゃんと伝《つた》わるように合図《あいず》を出《だ》さなかったり、イライラして乗《の》り方《かた》が乱暴《らんぼう》になったりするでしょ。お見通《みとお》しなんだよ。」

「たしかに、こっちがぼんやりすると、すぐ馬《うま》が止《と》まっちゃうの。」

わたしの返事《へんじ》に、和馬《かずま》さんが笑《わら》う。

「人《ひと》と馬《うま》はパートナーなんだ。人間《にんげん》のほうがえらくて、命令《めいれい》する立場《たちば》じゃない。だから思《おも》いやりを持《も》って接《せっ》すれば、こたえてくれるよ。」

和馬《かずま》さんのおかげで、わたしも少《すこ》しずつ馬《うま》にくわしくなっていった。

2 自分《じぶん》さがし

大学《だいがく》を卒業後《そつぎょうご》、わたしはすぐに和馬《かずま》さんと結婚《けっこん》。結婚式《けっこんしき》は、二人《ふたり》が出会《であ》った乗馬《じょうば》クラブで挙《あ》げた。

結婚後《けっこんご》は埼玉県入間市《さいたまけんいるまし》に住《す》んだ。和馬《かずま》さんは、ドイツから帰《かえ》ってきた人《ひと》たちがいとなむ乗馬《じょうば》クラブにつとめた。

その後《ご》、長女《ちょうじょ》が生《う》まれたことをきっかけに、わたしたちは那須《なす》にひっこす。和馬《かずま》さんは、以前《いぜん》アルバイトをしていた「那須《なす》ハイランドパーク」の乗馬《じょうば》クラブに就職《しゅうしょく》した。

ハイランドパークは、今《いま》は遊園地《ゆうえんち》になっているけれど、そもそもは別荘地《べっそうち》の公園《こうえん》として作《つく》られた場所《ばしょ》だ。わたしたちは、別荘地《べっそうち》エリアにある社宅《しゃたく》に住《す》むことになった。

専業主婦《せんぎょうしゅふ》のわたしは、和馬《かずま》さんを送《おく》りだしたあと、子育《こそだ》てや家事《かじ》の合間《あいま》に、近所《きんじょ》を散策《さんさく》

沼田《ぬまた》和馬《かずま》さんと恭子《きょうこ》さんは、乗馬《じょうば》をとおして知《し》り合《あ》った。

したりしてすごした。那須《なす》は夏《なつ》でもすずしく、朝《あさ》はカッコウの鳴《な》き声《ごえ》が聞《き》こえた。

しばらくして長男《ちょうなん》が生《う》まれ、子《こ》どもが二人《ふたり》になると、和馬《かずま》さんと家族《かぞく》の将来《しょうらい》のことを話《はな》しあうようになった。

和馬《かずま》さんの夢《ゆめ》は、乗馬《じょうば》クラブを経営《けいえい》すること。その勉強《べんきょう》がしたくて、大学生《だいがくせい》のとき半年《はんとし》間《かん》ドイツまで留学《りゅうがく》したほどだ。

「やっぱり、いつかは自分《じぶん》たちで乗馬《じょうば》クラブをやれたらいいなあ。」

「できるかどうかわからないけど、土地《とち》をさがしてみない？」

さがしながらも、まよいがあった。日本《にほん》では、当時《とうじ》、乗馬《じょうば》はまだめずらしいスポーツで、乗馬人口《じょうばじんこう》はとても少《すく》ない。それにハイランドパークも遊園地化《ゆうえんちか》するらしいと聞《き》いた。乗馬《じょうば》クラブの運営《うんえい》だけでは生活《せいかつ》していけない。

和馬《かずま》さんが言《い》った。

「ぼくは、小《ちい》さいときから馬《うま》といっしょにいて、仕事《しごと》も馬《うま》に関《かん》することしかやってきていないから、ほかの仕事《しごと》はむりだと思《おも》うんだ。」

相談《そうだん》した結果《けっか》、和馬《かずま》さんは競走馬《きょうそうば》を育《そだ》てる仕事《しごと》をしていくことに決《き》めた。子《こ》どもや将来《しょうらい》のための大《おお》きな方向転換《ほうこうてんかん》だった。

競走馬《きょうそうば》の仕事《しごと》にもいろいろあるから、和馬《かずま》さんは、北海道《ほっかいどう》のトウショウ牧場《ぼくじょう》という生産《せいさん》牧場《ぼくじょう》で場長《じょうちょう》をしている義父《ぎふ》に、相談《そうだん》することにした。

「生産牧場《せいさんぼくじょう》」というのは、より速《はや》く走《はし》る馬《うま》の誕生《たんじょう》をめざし、母馬《ははうま》を飼育《しいく》して子馬《こうま》を作《つく》る牧《ぼく》場《じょう》のこと。

ほかに離乳《りにゅう》した一歳《さい》くらいの子馬《こうま》に、人《ひと》が乗《の》るトレーニングや、デビューに向《む》けた準備《じゅんび》をする「育成牧場《いくせいぼくじょう》」というところや、「トレーニングセンター」という、レース本番《ほんばん》に向《む》けた練習《れんしゅう》をする場所《ばしょ》もある。

義父《ぎふ》のすすめで、和馬《かずま》さんは北海道千歳市《ほっかいどうちとせし》の「社台《しゃだい》ファーム」に転職《てんしょく》することになった。

「社台《しゃだい》ファーム」は競走馬《きょうそうば》のとても大《おお》きな牧場《ぼくじょう》だ。生産《せいさん》も育成《いくせい》も、両方手《りょうほうて》がけている。馬《うま》をたくさん持《も》っていて、なんども大《おお》きなレースで優勝《ゆうしょう》している。

その敷地《しきち》の広《ひろ》いことといったら！

どこまでも広《ひろ》がる牧草地《ぼくそうち》。トレーニングのコースがいくつもある。あまりに広《ひろ》くて、放《ほう》牧地《ぼくち》と放牧地《ほうぼくち》の間《あいだ》に道路《どうろ》が通《とお》り、車《くるま》が走《はし》りぬけていくほどだ。

その中《なか》で、生《う》まれたての子馬《こうま》と母馬《ははうま》のグループ、離乳《りにゅう》した一歳《さい》のオスや、メスだけのグループなどに分《わ》けて管理《かんり》されていた。

和馬《かずま》さんの担当《たんとう》はデビュー前《まえ》の二歳《さい》馬《ば》の厩舎《きゅうしゃ》（馬《うま》を飼《か》っている小屋《こや》）になった。

北海道《ほっかいどう》でのくらしが始《はじ》まった。

牧草地《ぼくそうち》は青々《あおあお》として、空《そら》が高《たか》い。牧草地《ぼくそうち》の地平線《ちへいせん》がなだらかにのび、夕《ゆう》ぐれどきには、しずんでいく夕日《ゆうひ》に馬《うま》のシルエットがうかびあがる。

家族《かぞく》がいる社員《しゃいん》は、厩舎《きゅうしゃ》のそばの社宅《しゃたく》に住《す》む。ドアを開《あ》ければ、家《いえ》の前《まえ》も後《うし》ろも放牧地《ほうぼくち》が広《ひろ》がっている。

「わあ〜、すごーい！　広《ひろ》いね！」

長女《ちょうじょ》が歓声《かんせい》をあげて、とびはねた。

「ああ。ここならバードウォッチングも、ピクニックもいっぱいできるぞ。」

長女《ちょうじょ》を肩車《かたぐるま》して、和馬《かずま》さんがこたえる。

「お馬《うま》さんに乗《の》れるの？」

「ここの馬《うま》は乗馬《じょうば》するための馬《うま》じゃないから、見《み》るだけだよ。」

「な〜んだ、つまんないの。」

長女《ちょうじょ》はそれでも、うれしそうに言《い》った。

和馬《かずま》さんは毎朝《まいあさ》、社宅《しゃたく》から厩舎《きゅうしゃ》へと出勤《しゅっきん》していく。

時間《じかん》があけば、みんなでお散歩《さんぽ》。

「よーし、行《い》くよ〜。」

和馬《かずま》さんのかけ声《ごえ》で、それぞれ自分《じぶん》のお気《き》に入《い》りをにぎりしめて出発《しゅっぱつ》だ。和馬《かずま》さんはバードウォッチング用《よう》の双眼鏡《そうがんきょう》。わたしはカメラ。そもそも子《こ》どもの成長《せいちょう》するすがたを残《のこ》そうととりはじめたのだが、いつしか撮影《さつえい》がわたしの趣味《しゅみ》になっていたのだ。

「外《そと》に本《ほん》を持《も》ってくの？」

「うん、続《つづ》きが読《よ》みたいから。」

絵本《えほん》を持《も》った長女《ちょうじょ》が言《い》う。長男《ちょうなん》は、ねるときもはなさないタオルをかかえている。

毎日《まいにち》のように散歩《さんぽ》していたから、わたしたちにとって、放牧地《ほうぼくち》はいつのまにか、大《おお》きな庭《にわ》のような感覚《かんかく》になっていた。

放牧地《ほうぼくち》のわきを歩《ある》いていると、馬《うま》がどこからか集《あつ》まってくることもしょっちゅうだ。

「パピー、見《み》て！　馬《うま》がいっぱいきた。」

長女《ちょうじょ》が指《ゆび》さす。そこには、こちらを見《み》ている馬《うま》が五頭《とう》もいる。

「ほんとうだ、あれは一歳《さい》のオスだよ。」

馬《うま》たちは、まだ大人《おとな》になりきっていない体《からだ》をおしあいながら、『どうしたの？』『なにしてるの？』と、こちらをのぞきこんでいる。

「かわいいね〜。」

人間《にんげん》に興味《きょうみ》しんしんなようすがおかしくて、思《おも》わずみんなで笑《わら》ってしまう。

「馬《うま》はびっくりしやすいからね、かわいいからって、勝手《かって》にさわったりして、おどろかせてはダメだよ。」

和馬《かずま》さんの言葉《ことば》に、子《こ》どもたちがうなずく。ここは競走馬《きょうそうば》ばかりだから、おどろかせてけがなどさせてはたいへんだ。和馬《かずま》さんは子《こ》どもたちを近《ちか》づかせないようにしていた。

和馬《かずま》さんが休《やす》みの日《ひ》には、家族《かぞく》そろって車《くるま》で近《ちか》くの湖《みずうみ》までピクニック。森《もり》の中《なか》でバー

北海道《ほっかいどう》での沼田《ぬまた》さん一家《いっか》。それぞれが好《す》きなものを持《も》って散歩《さんぽ》にでかけた。撮影《さつえい》は恭子《きょうこ》さん。

ドウォッチングをしたり、星空《ほしぞら》をながめたり。

和馬《かずま》さんは子《こ》どもをとてもかわいがっていたから、子《こ》どもたちも和馬《かずま》さんのことが大好《だいす》きで、パピーとよんで、いつもそばにいようとする。

和馬《かずま》さんは仕事《しごと》にも熱心《ねっしん》に取《と》りくんでいて、レースに勝《か》てるように愛情《あいじょう》をかけ、改善《かいぜん》が必要《ひつよう》なことがあれば、スタッフ同士《どうし》で相談《そうだん》しあった。

けれど、そのうち、

「生《う》まれかわるとしたら、馬《うま》だけはいやだな。」

と、口《くち》ぐせのようにつぶやくことが多《おお》くなった。

この仕事《しごと》を続《つづ》けていくかどうかについても、まよっているように見《み》える。

自分《じぶん》が好《す》きな馬《うま》の仕事《しごと》をしてるのに、なんでそんなこと言《い》うんだろう。このときのわたしには、和馬《かずま》さんの気持《きも》ちがわからなかった。

北海道《ほっかいどう》にひっこして四年目《ねんめ》の夏《なつ》に次女《じじょ》が生《う》まれ、家族《かぞく》は五人《にん》になり、ますますにぎやかになった。

その後《ご》、義父《ぎふ》、義弟《ぎてい》といっしょに競走馬《きょうそうば》の育成《いくせい》の仕事《しごと》をすることになり、わたしたちも千葉《ちば》にうつった。

山《やま》をけずった広《ひろ》い土地《とち》に牧場《ぼくじょう》を作《つく》り、和馬《かずま》さんたちは育成牧場《いくせいぼくじょう》をスタートさせた。

馬《うま》には、一日《いちにち》に四回《かい》の食事《しょくじ》をあげる。中身《なかみ》は、生草《なまくさ》や乾燥《かんそう》させた牧草《ぼくそう》（粗飼料《そしりょう》）や、大麦《おおむぎ》やエン麦《ばく》などの濃厚飼料《のうこうしりょう》、それにカルシウムや塩分《えんぶん》などを、運動量《うんどうりょう》や体調《たいちょう》に合《あ》わせてまぜたものだ。

夜飼《よがい》という夜《よる》の食事《しょくじ》は、交代《こうたい》で世話《せわ》することになっていた。

「馬《うま》にごはんをあげにいくけど、いっしょに行《い》く？」

和馬《かずま》さんが子《こ》どもたちに声《こえ》をかける。

「行《い》くー。」

「ぼく、きょうもお水《みず》をあげるんだ。」

長女《ちょうじょ》と長男《ちょうなん》が立《た》ちあがる。わたしは次女《じじょ》の子守《こもり》。

馬《うま》はごはんを食《た》べたあと、水《みず》をたくさん飲《の》む。一日《いちにち》に二十～四十リットルも飲《の》むから、水《みず》は欠《か》かせない。和馬《かずま》さんが一頭《とう》ずつのおけに水《みず》を足《た》すのを、二人《ふたり》も手伝《てつだ》う。

水《みず》を入《い》れていると、馬《うま》が顔《かお》を出《だ》し、髪《かみ》の毛《け》をモシャモシャとくわえたりする。

「髪《かみ》の毛《け》、食《た》べられちゃった〜。」

二人《ふたり》が笑《わら》いだす。

そんなとき、和馬《かずま》さんは一頭《とう》ずつの性格《せいかく》やくせを話《はな》してきかせた。

「この馬《うま》はね、気《き》が強《つよ》くて意地《いじ》っぱりなんだ。」

「えー、こわーい。」

「こわくないさ。ちょっとわがままだけど、レースで競走《きょうそう》したらきっと負《ま》けないぞ。」

「そうなの？　がんばれー！」

家族《かぞく》にかこまれ、楽《たの》しい日々《ひび》が続《つづ》いていた。それなのに、心《こころ》のどこかで、わたしの人生《じんせい》、このまま終《お》わってしまうのだろうかという気持《きも》ちがわきあがってくる。

とにかく気《き》になったことはなんでもやってみよう。

そう思《おも》ったわたしは、写真《しゃしん》をならったり、地元《じもと》を紹介《しょうかい》するビデオを近所《きんじょ》の人《ひと》たちと制作《せいさく》したり、友人《ゆうじん》が編集《へんしゅう》する雑誌《ざっし》を手伝《てつだ》いに東京《とうきょう》へ通《かよ》ったりと、子育《こそだ》ての合《あ》い間《ま》に自分《じぶん》の人生《じんせい》をさがす日々《ひび》をすごした。

だけど、これほどいろいろなことに手《て》を出《だ》しても、満足感《まんぞくかん》がない。コレというものに出《で》会《あ》えていない気《き》がしてしかたなかった。

『なにかやりたい!』——納得《なっとく》のいくその〝なにか〟を、わたしは必死《ひっし》にさがしもとめていた。

3 乗《じょう》馬《ば》クラブ設《せつ》立《りつ》

　千葉県《ちばけん》にひっこして七年後《ねんご》、なにかをやりたいという自分《じぶん》さがしの気持《きも》ちが、ふっとぶような事件《じけん》が起《お》きた。

「なんだか目《め》の調子《ちょうし》がずっとよくないんだ。物《もの》が二重《じゅう》になったりして、うまく見《み》えないんだよ。ちょっと眼医者《めいしゃ》に行《い》ってくる。」

　もどってきた和馬《かずま》さんの表情《ひょうじょう》が暗《くら》い。

「どうだったの？」

「大《おお》きい病院《びょういん》で精密検査《せいみつけんさ》を受《う》けたほうがいいって言《い》われた。目《め》だけの病気《びょうき》じゃないかもしれないからって。」

「えっ、ほんとう？」

すぐに千葉大学医学部附属病院《ちばだいがくいがくぶふぞくびょういん》に行《い》って検査《けんさ》をした。検査後《けんさご》、医師《いし》がこわばった表情《ひょうじょう》で、ゆっくりと言《い》った。

「脳腫瘍《のうしゅよう》です。」

「えっ……！」

想像《そうぞう》もしていなかった病名《びょうめい》に、思《おも》わず固《かた》まってしまう。

「しかも腫瘍《しゅよう》がすごく大《おお》きくなっています。目《め》が見《み》えにくいのは、腫瘍《しゅよう》が目《め》の神経《しんけい》を圧迫《あっぱく》しているからです。すぐに手術《しゅじゅつ》しましょう。入院《にゅういん》してください。」

レントゲンにうつっている腫瘍《しゅよう》は、こぶし大《だい》ほどにまで大《おお》きくなっている。

一九九〇年《ねん》の二月《がつ》のことだった。とつぜんの告知《こくち》に、わたしはあわてふためいた。

「だいじょうぶですよね？　主人《しゅじん》は助《たす》かりますよね？」

医師《いし》にすがりつく。

どうしよう、どうすれば……？

とにかく和馬《かずま》さんをすぐに入院《にゅういん》させた。

看病《かんびょう》のために、入院中毎日病院《にゅういんちゅうまいにちびょういん》に通《かよ》いつめた。そのため、子《こ》どもたちだけで夕食《ゆうしょく》を食《た》べる日《ひ》が多《おお》くなる。

「だいじょうぶよ。パピーはぜったい元気《げんき》になるから。」

不安《ふあん》そうな子《こ》どもたちをはげましながら、自分自身《じぶんじしん》も必死《ひっし》にふるいたたせる。

今《いま》では、仕事《しごと》が変《か》わろうと、ひっこししようと、和馬《かずま》さんについていけばいいだけだった。わたしはいつも和馬《かずま》さんに守《まも》られる側《がわ》だった。

しかし今回《こんかい》はちがう。今度《こんど》は、わたしが家族《かぞく》をささえなければならない。

手術《しゅじゅつ》は長時間《ちょうじかん》におよんだ。脳《のう》の入《い》りくんでいる組織《そしき》から腫瘍《しゅよう》を取《と》りだすのは、ものすごく細《こま》かく、気《き》の遠《とお》くなるような作業《さぎょう》だ。

脳《のう》の正常《せいじょう》な部分《ぶぶん》がきずつけられてしまうと、どんな症状《しょうじょう》が出《で》るかわからないからだ。

手術《しゅじゅつ》が終《お》わるのを待《ま》ちながら、わたしはこれまでの和馬《かずま》さんのようすを思《おも》いおこしていた。——いつから病気《びょうき》だったんだろう？

そういえば、ここ二、三か月《げつ》、頭痛《ずつう》が多《おお》くなっていたし、いたみもつらそうだった。運転中《うんてんちゅう》にいねむりでぶつかりそうになったこともある。すごく落《お》ちこんで気力《きりょく》が出《で》ないこともあった。

それでも、元気《げんき》にアウトドアを楽《たの》しんでいた。まさか脳《のう》の病気《びょうき》だったなんて……！まったく思《おも》いもよらなかった。わたしは大《おお》きなためいきをついた。

十二時間以上《じかんいじょう》におよぶ手術《しゅじゅつ》だったが、さいわいなことに無事《ぶじ》に成功《せいこう》。和馬《かずま》さんは一か月《げつ》半《はん》ほどで退院《たいいん》できて、自宅療養《じたくりょうよう》となった。子《こ》どもたちがまとわりつく。

「パピー、ずっとお家《うち》にいられるの？」

「いるよ。心配《しんぱい》かけてごめんな。もうだいじょうぶだ。モリモリ食《た》べて、仕事《しごと》もがんばるぞ。」

「やったー。」

ひさしぶりに、子《こ》どもたちと和馬《かずま》さんの笑《わら》い声《ごえ》がはじける。

でも、和馬《かずま》さんは本《ほん》が読《よ》めなくなっていた。視野《しや》がせまくなったことにくわえ、文字《もじ》を認識《にんしき》する脳《のう》のエリアが、きずついてしまったのだ。

星《ほし》が好《す》きな和馬《かずま》さんは、宇宙《うちゅう》や科学《かがく》の雑誌《ざっし》を毎月買《まいつきか》ってそろえていた。それももう読《よ》めない。それでも食事《しょくじ》はふだんどおりに食《た》べられたし、体《からだ》も動《うご》く。

その後《ご》しばらくして、少《すこ》しずつ現場《げんば》にもどれるようになり、快復《かいふく》のきざしも出《で》てきた。

ああ、よかった。もうだいじょうぶ。わたしはそう思《おも》いこんでいた。

しかし、和馬《かずま》さんは仕事《しごと》に対《たい》して、なかなか前向《まえむ》きになれないようだった。

「競走馬《きょうそうば》って半年《はんとし》くらいしかいっしょにいられないじゃない？　一生懸命愛情《いっしょうけんめいあいじょう》をかけても トレーニングセンターにうつってしまったら、もう会《あ》えない。さみしいよね。馬《うま》が大好《だいす》き だから、よけいにね……。」

その横顔《よこがお》はくもっていた。競走馬《きょうそうば》はどんなにかわいがってもかならず別《わか》れなければなら ない。毎年馬《まいとしうま》を送《おく》りだし、また新《あたら》しい馬《うま》がやってくる。そのくりかえしだ。

北海道《ほっかいどう》にひっこしてから和馬《かずま》さんがトライアスロンに熱中《ねっちゅう》したり、バイクの大会《たいかい》に参加《さんか》 したりしていたのは、馬《うま》との別《わか》れのさみしさを、べつのなにかでうめたかったからなのか もしれない。

ある日《ひ》の夕方《ゆうがた》、庭先《にわさき》にいた和馬《かずま》さんに声《こえ》をかけようとしてハッとした。一人《ひとり》ぽつんとた たずむその背中《せなか》が、なんだか急《きゅう》に小《ち》さくなったように見《み》える。

わたしは明《あか》るい口調《くちょう》で声《こえ》をかけた。

「乗馬用《じょうばよう》の馬《うま》を飼《か》おうよ!」

「乗馬《じょうば》? ここで?」

「うん。牧場《ぼくじょう》もなんとかなってきてるんだし、和馬《かずま》さんたちが乗《の》れる馬《うま》がいたら、すごくいいと思《おも》うの。子《こ》どもたちに乗馬《じょうば》を教《おし》えてあげてくれない?」

大好《だいす》きな乗馬《じょうば》をすることで、少《すこ》しでも気持《きも》ちが前向《まえむ》きになれたらと思《おも》った。

さっそく、義父《ぎふ》たちと相談《そうだん》し、馬《うま》を買《か》うことになった。和馬《かずま》さんは友人《ゆうじん》とともにカナダまで行《い》き、三頭《とう》の馬《うま》を買《か》ってきた。

二頭《とう》は知《し》り合《あ》いにひきわたしたが、一頭《とう》を手元《てもと》に残《のこ》した。

オセロという名前《なまえ》の茶色《ちゃいろ》い毛《け》なみの馬《うま》だ。サラブレッドだが、競走馬《きょうそうば》ではなく乗用馬《じょうようば》として育《そだ》てられたおだやかな馬《うま》で、和馬《かずま》さんのお気《き》に入《い》りだ。

「わー、この馬《うま》は乗《の》れるの?」

オセロが登場《とうじょう》したことで、子《こ》どもたちは、より馬《うま》に興味《きょうみ》がわいたようだ。

「乗《の》れるよ。それにずっとここにいるんだ。仲良《なかよ》くしような。」

「ほんと? お友《とも》だちになれるかなあ。」

時間《じかん》があくと、子《こ》どもたちも和馬《かずま》さんといっしょに乗《の》ったり、世話《せわ》を手伝《てつだ》ったりするようになった。

しかし、最初《さいしょ》にたおれてから一年《ねん》がすぎたころ、病院《びょういん》からよびだされた。数《すう》か月《げつ》おきに行《おこな》っていた検査《けんさ》で、また腫瘍《しゅよう》が見《み》つかったのだ。

以後《いご》、和馬《かずま》さんはなんども手術《しゅじゅつ》と再発《さいはつ》をくりかえすことになる。

手術《しゅじゅつ》をするたびにできることが少《すく》なくなっていく。

運動《うんどう》どころか、歩《ある》くのもバランスがとりづらくなり、手足《てあし》にしびれが出《で》たり、ときどき記憶《きおく》があいまいになったりもするようになった。

和馬《かずま》さんは入院中《にゅういんちゅう》でも、馬《うま》のことをいつも気《き》にかけていた。

「オセロは元気《げんき》にしてるかなあ？」

「元気《げんき》よ。和馬《かずま》さんに会《あ》いたがってるから、早《はや》く退院《たいいん》しないとね。」

せめてオセロたちの写真《しゃしん》をとって、和馬《かずま》さんに見《み》せてあげようと、牧場《ぼくじょう》に足《あし》を運《はこ》ぶ。

「オセロも和馬《かずま》さんに会《あ》いたいよねえ。そばにいられたらいいのにね。」

わたしは、何枚《なんまい》も写真《しゃしん》をとりつづけた。

和馬《かずま》さんの病気《びょうき》は、気《き》づかないうちに広《ひろ》がる性質《せいしつ》があり、いつ再発《さいはつ》するかわからないこわさがあった。毎日《まいにち》が不安《ふあん》と恐怖《きょうふ》にからめとられる。

どうすれば和馬《かずま》さんが笑顔《えがお》になれるだろう。わたしは考《かんが》えつづけた。

季節《きせつ》は初夏《しょか》をむかえていた。

今年《ことし》も牧場《ぼくじょう》や田《た》んぼに、たくさんのシラサギがやってきた。シラサギの白《しろ》さが牧草地《ぼくそうち》の緑《みどり》にはえ、まるで絵《え》のようだ。

鳥《とり》が大好《だいす》きな和馬《かずま》さんと、シラサギを見《み》ながらよく夢《ゆめ》を語《かた》りあった。ここでも、かつて那須《なす》にいたときも。那須《なす》では、二人《ふたり》で土地《とち》もさがした。だけど結局《けっきょく》、乗馬《じょうば》クラブを作《つく》ることはあきらめた――。

「そうだ！　乗馬《じょうば》クラブだ！」

わたしは思《おも》わず立《た》ちあがった。

そのいきおいで、病院《びょういん》へかけつける。

「和馬《かずま》さん、決《き》めた！　今《いま》の牧場《ぼくじょう》のとなりに、乗馬《じょうば》クラブを作《つく》ろうよ！」

「えっ!?　乗馬《じょうば》クラブ？」

和馬《かずま》さんの目《め》が、まんまるになる。

「そう。元気《げんき》になったら、和馬《かずま》さんがやるの。馬《うま》たちが待《ま》ってるよ。」

「えーっ、そんなのむりだよー。」

手《て》を横《よこ》にふって、和馬《かずま》さんは苦笑《にがわら》いした。でも、顔《かお》はほころんでいる。

やっぱり！　和馬《かずま》さんが喜《よろこ》んでくれた！

乗馬《じょうば》クラブを作《つく》るんだ！　一刻《いっこく》も早《はや》く作《つく》りたい！

病院《びょういん》に行《い》くたびに、どんな乗馬《じょうば》クラブにしたいかを相談《そうだん》した。

「たくさんの人《ひと》に馬《うま》とふれあってほしいなあ。会《あ》いさえすれば、きっとだれだって馬《うま》を好《す》きになっちゃうはずだよ。」

「そうだね。」

格式《かくしき》ばった乗馬《じょうば》クラブではなく、人《ひと》と馬《うま》がふれあい、自由《じゆう》にすごせるような場所《ばしょ》になったらいいなあ。

しかし、クラブハウス（会員《かいいん》のための集会所《しゅうかいじょ》）や厩舎《きゅうしゃ》を建《た》てるだけでも、かなりの大金《たいきん》が必要《ひつよう》だ。馬《うま》の購入代《こうにゅうだい》、エサ代《だい》、世話《せわ》をしてくれる人《ひと》へのお給料《きゅうりょう》も準備《じゅんび》しなければならない。

そこで、広島《ひろしま》に住《す》むわたしの父《ちち》に、相談《そうだん》してみた。

「なにを言《い》っているんだ！　いったい、いくらかかると思《おも》ってるんだ！」

「わかってるよ。でも、作《つく》りたい！　乗馬《じょうば》クラブを作《つく》れば、和馬《かずま》さんはぜったい元気《げんき》になるんだから。」

「冷静《れいせい》になるんだ。乗馬《じょうば》クラブなんて、むりに決《き》まっている。やめなさい！」

父《ちち》に反対《はんたい》されても、わたしはひるまなかった。

それなら銀行《ぎんこう》にお願《ねが》いしてみよう。さっそく近《ちか》くの銀行《ぎんこう》に足《あし》を運《はこ》ぶ。お金《かね》を借《か》りるには、いろいろな書類《しょるい》が必要《ひつよう》だと言《い》われた。

今《いま》までの人生《じんせい》で、こういう手続《てつづ》きの書類作成《しょるいさくせい》なんてほとんどしたことがない。でも、やるしかない。わたしは、もうれつないきおいで提出書類《ていしゅつしょるい》を作《つく》りはじめた。

言《い》われたとおりの書類《しょるい》をそろえて持《も》っていったけれど、最初《さいしょ》の銀行《ぎんこう》にはことわられた。

それならと、べつの銀行《ぎんこう》に持《も》っていく。熱意《ねつい》をこめて説明《せつめい》したが、

「乗馬《じょうば》クラブですか……。馬《うま》に乗《の》りにくる会員《かいいん》なんて、ほんとうに集《あつ》まるんですか？」

と、軽《かる》くあしらわれた。

気持《きも》ちを立《た》てなおしながら、お願《ねが》いできる銀行《ぎんこう》すべてに足《あし》を運《はこ》んだが、どこも冷《つめ》たい態度《たいど》でことわられた。やっぱりむりなのかもしれない……。

そこへ、父《ちち》から電話《でんわ》があった。きっと、また反対《はんたい》されるにちがいない。

「だいじょうぶだよ。銀行《ぎんこう》はダメだったけど、お願《ねが》いできるところは、ほかにもあるから。」

わたしは、強気《つよき》で言《い》いきる。すると、

「おまえがそこまで言《い》うなら、中小企業金融公庫《ちゅうしょうきぎょうきんゆうこうこ》（現在《げんざい》の、日本政策金融公庫《にっぽんせいさくきんゆうこうこ》）というところに行《い》ってみなさい。もしそこで借《か》りられたら、保証人《ほしょうにん》になってもいい。」

「えっ、ほんとうに!?」

「ああ。すぐに投《な》げだすと思《おも》ったが、どうやら今回《こんかい》はちがうみたいだからな。」

「ありがとう！」

わたしはさっそく中小企業金融公庫《ちゅうしょうきぎょうきんゆうこうこ》に提出《ていしゅつ》する書類《しょるい》を作《つく》ると、申《もう》しこみに向《む》かった。

「これでは申請《しんせい》できません。資料《しりょう》が足《た》りませんよ。」

中小企業金融公庫《ちゅうしょうきぎょうきんゆうこうこ》は用意《ようい》しなければいけない資料《しりょう》が多《おお》い。それだけ審査《しんさ》がきびしいということだ。

父《ちち》が、ここから借《か》りられるなら、と言《い》った意味《いみ》がわかった気《き》がした。

わたしのプロフィールや通帳《つうちょう》のコピー、ほかの必要《ひつよう》な書類《しょるい》も、まちがいがないか確認《かくにん》して、もう一度《いちど》足《あし》を運《はこ》ぶ。

「おっしゃるほどまで必要性《ひつようせい》が感《かん》じられないんですが……。金額《きんがく》も大《おお》きいですしねえ。」

計画書《けいかくしょ》を直《なお》してはなんども足《あし》を運《はこ》び、すでに八回《かい》を数《かぞ》えた。それでもダメだった。

がっかりして、公庫《こうこ》をあとにする。思《おも》わずためいきが出《で》た。

もういやだ。あきらめるしかない……。

そんな気持《きも》ちで、うちに帰《かえ》り、馬《うま》たちのすがたを目《め》にすると、いや、そうじゃない、今《いま》あきらめてどうする、という思《おも》いがわいてくる。

わたしは、空《そら》を見上《みあ》げた。雲《くも》ひとつない青空《あおぞら》が広《ひろ》がっている。

入院《にゅういん》している和馬《かずま》さんが目《め》にうかぶ。『乗馬《じょうば》クラブを作《つく》ろうよ！』と提案《ていあん》したときの顔《かお》、うれしそうだったなあ。

和馬《かずま》さんに元気《げんき》になってもらいたい。馬《うま》たちといっしょの日々《ひび》を取《と》りもどしてあげたい。その思《おも》いだけが、わたしを動《うご》かしていた。

中小企業金融公庫《ちゅうしょうきぎょうきんゆうこうこ》に初《はじ》めてお願《ねが》いに行《い》ってから、半年《はんとし》がたったある日《ひ》のこと。所長室《しょちょうしつ》によばれた。

いいかげんにしてほしいと言《い》われるのではないかと、胸《むね》がしめつけられる。お願《ねが》いに行《い》った回数《かいすう》は、ついに十回《かい》になっていた。

「いやあ、沼田《ぬまた》さん。あなたの熱意《ねつい》にはほんとうに感心《かんしん》しました。計画書《けいかくしょ》もなんども直《なお》され、綿密《めんみつ》な計画《けいかく》にしあがっています。あなたの、その強《つよ》い志《こころざし》に資金《しきん》をお貸《か》しします！　乗馬《じょうば》クラブにお金《かね》を出《だ》すのは初《はじ》めてですから、がんばってください。」

「ほんとうですか！　ありがとうございます！」

これで乗馬《じょうば》クラブを作《つく》ることができる！　あきらめなくてよかった……。

資金《しきん》のメドはついた。つぎは建築家《けんちくか》だ。だれにたのもう？　せっかく建《た》てるのだから、来《き》た人《ひと》がなんどもおとずれたくなるような場所《ばしょ》にしたい。

そうだ。自宅《じたく》を建《た》ててもらったあの人《ひと》は？　自宅《じたく》を建《た》てたとき、希望以上《きぼういじょう》の空間《くうかん》を作《つく》ってくれた。きっと同《おな》じようにすてきなデザインをしてくれるはず。すぐにれんらくをとると、クラブハウスのデザインと建設《けんせつ》をひきうけてくれた。

一方《いっぽう》、和馬《かずま》さんの手術《しゅじゅつ》の回数《かいすう》は、ついに五回《かい》を数《かぞ》えていた。それでも和馬《かずま》さんが退院《たいいん》してきた時期《じき》に、二人《ふたり》で馬《うま》を買《か》いに房総半島《ぼうそうはんとう》のほうへ出《で》かけた。

「和馬《かずま》さん、見《み》て。きれいな馬《うま》！　金色《きんいろ》だよ。」

「ほんとうだ。こんな子《こ》がクラブにいたらきっと話題《わだい》になるね。」

それはクォーターホースという種類《しゅるい》の馬《うま》で、パロミノとよばれる全身金色《ぜんしんきんいろ》の毛《け》なみに、真《ま》っ白《しろ》いたてがみとしっぽが美《うつく》しい。

一度帰《いちどかえ》りかけたが、やっぱりほしくなり、ひきかえして購入《こうにゅう》を決《き》めた。オスだけど金髪《きんぱつ》が外国人《がいこくじん》の女性《じょせい》のようだという理由《りゆう》で、子《こ》どもたちがジェニーと名《な》づけた。

ほかにも和馬《かずま》さんが知《し》り合《あ》いにたのんだりして、馬《うま》を集《あつ》めていった。

設計《せっけい》をお願《ねが》いしてから一年以上《ねんいじょう》がすぎた一九九三年《ねん》八月八日《がつようか》、ついにこの日《ひ》がやってきた。「乗馬倶楽部《じょうばくらぶ》イグレット」の設立《せつりつ》だ。

念願《ねんがん》の乗馬《じょうば》クラブ。丸《まる》く弧《こ》をえがいた形《かたち》の、二十頭入《とうはい》れる厩舎《きゅうしゃ》。大《おお》きなガラス張《ば》りの明《あか》るいクラブハウス。かわいい十五頭《とう》の馬《うま》たち。五人《にん》のスタッフ、そしてオーナーはもちろん、和馬《かずま》さんだ。

名前《なまえ》にしたイグレットとは、シラサギのことだ。

鳥好《とりず》きな和馬《かずま》さんは、毎年《まいとし》やってくるシラサギをうれしそうに見《み》ていた。

『いつかここでなにかすることがあったら、シラサギって名前《なまえ》にしたいよね。』

と話《はな》していた。だから乗馬《じょうば》クラブの名前《なまえ》を考《かんが》えるときは、なんのまよいもなかった。

『いつか、馬《うま》たちが楽《たの》しく、安心《あんしん》してくらせるような乗馬《じょうば》クラブができたらいいね。』

夢《ゆめ》が、ここから具体的《ぐたいてき》に広《ひろ》がっていく——そう信《しん》じていた。

4 生《い》きているだけでいい

一九九三年《ねん》、この夏《なつ》はオープンしたてのイグレットに人《ひと》が集《あつ》まり、にぎやかだった。

和馬《かずま》さんが乗馬《じょうば》クラブを運営《うんえい》している！　それだけですごくうれしかった。

たくさんの人《ひと》におとずれてほしい。そのためにクラブを紹介《しょうかい》するパンフレットも作《つく》った。キャッチフレーズは『出会《であ》えば、好《す》きになる』だ。

「会員《かいいん》を集《あつ》めなくちゃね！」

待《ま》っているだけでは集《あつ》まってこない。今《いま》はあたりまえになっているインターネットが、日本《にほん》ではまだほとんど普及《ふきゅう》していなかったころだ。

そこで地元《じもと》のタウン誌《し》にクラブ紹介《しょうかい》をのせ、体験乗馬《たいけんじょうば》の参加者《さんかしゃ》を募集《ぼしゅう》することにした。

ほかにも、ポケットティッシュに体験乗馬《たいけんじょうば》の割引券《わりびきけん》を入《い》れ、成田駅付近《なりたえきふきん》でくばったりしたことで、少《すこ》しずつ体験《たいけん》の申《もう》しこみがふえていった。

和馬《かずま》さんは以前《いぜん》のようには動《うご》けなかったが、現場《げんば》には出《で》ていた。病気《びょうき》で、目《め》が見《み》えるはんいもせまくなっているし、話《はな》せる言葉《ことば》も少《すく》ない。

それでもわたしは、和馬《かずま》さんが馬《うま》たちといることがうれしくて、あれもやってみたら、これもやってみたらと、思《おも》いついたことをつぎつぎと話《はな》した。

「もっと会員《かいいん》をふやす方法《ほうほう》を考《かんが》えない？」

「そうだなあ、もちろんふやしたいけど、まずは少《すく》ない人数《にんずう》でじっくりやってからがいいんじゃない？」

「じゃあ、体験乗馬《たいけんじょうば》を出張《しゅっちょう》イベントでやってみるのは？」

「おー、そいつはすごい。そういうの、いつかやりたいな。」

現実《げんじつ》にできるかどうかは気《き》にならなかった。和馬《かずま》さんがやりたいことがふえたら、もっと元気《げんき》になる。もっと夢《ゆめ》をかなえていける。

そう思《おも》っていた矢先《やさき》、和馬《かずま》さんの具合《ぐあい》がふたたび悪《わる》くなる。

すぐに入院《にゅういん》することになった。このままだと、また手術《しゅじゅつ》が必要《ひつよう》になる。手術《しゅじゅつ》をすることになったら六回目《かいめ》だ。

どこまでも和馬《かずま》さんの体《からだ》を切《き》りきざむように思《おも》えてきて、胸《むね》がえぐられるようだった。

その気持《きも》ちはわたし以上《いじょう》に和馬《かずま》さんのほうが強《つよ》かった。

手術《しゅじゅつ》をして腫瘍《しゅよう》が取《と》れたと思《おも》っても、再発《さいはつ》をくりかえしてきた。そのたびに数々《かずかず》の体《からだ》の機能《きのう》が失《うしな》われていく。その残酷《ざんこく》な事実《じじつ》は、和馬《かずま》さんの心《こころ》をきずつけつづけてきた。

わたしたちは相談《そうだん》して、手術《しゅじゅつ》はもう受《う》けないことにした。

その後《ご》、一時的《いちじてき》に退院《たいいん》したものの、翌年夏《よくねんなつ》にもう一度《いちど》入院《にゅういん》。

和馬《かずま》さんがいないため、わたしはイグレットの運営《うんえい》もになわなければならない。

ほぼ専業主婦《せんぎょうしゅふ》だったわたしにとって、はたらくことじたいがたいへんだ。それまでやったこともないことばかり。もちろん子《こ》どもたちの世話《せわ》もある。

「ほら早《はや》くして。間《ま》に合《あ》わないよ。」

毎朝《まいあさ》、子《こ》どもたちをせかすところから始《はじ》まる。

「待《ま》って～。」

自宅《じたく》が駅《えき》からはなれているから、平日《へいじつ》は毎朝《まいあさ》、長女《ちょうじょ》を駅《えき》まで送《おく》る。朝《あさ》がにがてな次女《じじょ》がねぼうしたときは次女《じじょ》も学校《がっこう》まで送《おく》りとどけた。

それからクラブハウスに出《で》て、和馬《かずま》さんの代《か》わりに、ほかの会社《かいしゃ》や乗馬《じょうば》クラブとのやりとりをする。馬《うま》の世話《せわ》はスタッフたちがやってくれていた。

なれない仕事《しごと》のあと、夕方《ゆうがた》になると毎日病院《まいにちびょういん》へ通《かよ》った。片道《かたみち》一時間《じかん》の道《みち》を、車《くるま》で向《む》かう。子《こ》どもたちは、またしてもだれもいない家《いえ》に帰《かえ》る毎日《まいにち》だ。

「かんたんなおかずしか作《つく》っておけないけど、がまんしてちょうだい。パピーがよくなるまでだから。」

「うん、わかってるよ。」

その夕食《ゆうしょく》のしたくも、スタッフにお願《ねが》いしないといけないときもあった。

上《うえ》の二人《ふたり》は高校生《こうこうせい》。平日《へいじつ》は部活《ぶかつ》があり、帰宅《きたく》はいつもおそめだ。長女《ちょうじょ》の学校《がっこう》は病院《びょういん》に近《ちか》いから、病院《びょういん》で合流《ごうりゅう》していっしょに家《いえ》に帰《かえ》ることが多《おお》かった。

長男《ちょうなん》も学校帰《がっこうがえ》りに顔《かお》を見《み》せるが、まだ小学生《しょうがくせい》だった次女《じじょ》だけはあまりつれていけなかった。次女《じじょ》が帰宅《きたく》する前《まえ》に病院《びょういん》に行《い》く時間《じかん》になってしまうこともあったし、つれていって、病院《びょういん》からの帰《かえ》りがおそくなると、つぎの日《ひ》の朝《あさ》、起《お》きられないのが心配《しんぱい》でもあった。

るすばんさせることがいちばん多《おお》くなってしまった次女《じじょ》には、

「ごめんね。週末《しゅうまつ》には、いっしょにパピーのお見舞《みま》いに行《い》こう。」

そう声《こえ》をかけるしかなかった。

「いいよ。わたしのことは気《き》にしなくても。」

次女《じじょ》はそう言《い》ってくれたが、その表情《ひょうじょう》に以前《いぜん》の明《あか》るさはない。

わたしが和馬《かずま》さんのことで手《て》いっぱいになっているからだ……。子《こ》どもたちとゆっくり話《はな》す時間《じかん》も、気《き》づかうよゆうも持《も》てていない。

病院帰《びょういんがえ》り、長女《ちょうじょ》たちにそれとなく次女《じじょ》のようすを聞《き》いてみる。

「うーん、まあ、やっぱりさみしいんじゃない？　なにも言《い》わないけど。」

「そっか……、そうだよね。」

「でもだいじょうぶだよ。」

子《こ》どもたちのようすが気《き》になりながらも、和馬《かずま》さんのそばに毎日通《まいにちかよ》った。

仕事《しごと》でつかれたときには、帰《かえ》りのＰＡ《パーキングエリア》で休憩《きゅうけい》をとる。一時間《じかん》ほど仮眠《かみん》するつもりが、ハッと目《め》がさめると朝《あさ》になっていることが多《おお》くなった。

手術《しゅじゅつ》をしないと決《き》めた和馬《かずま》さんは、意識《いしき》が遠《とお》のいて、ねむっている時間《じかん》がだんだん長《なが》くなっていく。

年《とし》が明《あ》けると、意識《いしき》がなくなり、ついにねたきりの状態《じょうたい》になった。それでも、きっと意《い》識《しき》はもどる。かならず目《め》はさめる。わたしはそう固《かた》く信《しん》じていた。

「意識《いしき》はないですが、耳《みみ》は聞《き》こえていますよ。」

「そうなんですか!」

医師《いし》にそう言《い》われ、気持《きも》ちが前向《まえむ》きになる。

そのころ、院内放送《いんないほうそう》でカッコウの鳴《な》き声《ごえ》が流《なが》れることがあった。

「和馬《かずま》さん、カッコウの声《こえ》が聞《き》こえるよ。那須《なす》にいたころを思《おも》いだすね。よく鳴《な》いてたもんね。」

鳥《とり》のことになると、つぎつぎと名前《なまえ》や羽根《はね》の色《いろ》などが和馬《かずま》さんの口《くち》からとびでてくる。そのくわしさにいつも感心《かんしん》したものだ。

「そうか、鳥《とり》だ!」

和馬《かずま》さんが大好《だいす》きな鳥《とり》の声《こえ》を聞《き》かせるのはどうだろう? そうすれば元気《げんき》になるかもし

れない。わたしはさっそくCD《シーディー》を手《て》に入《い》れ、病室《びょうしつ》で流《なが》してみる。

そして和馬《かずま》さんのまくらもとにすわると、きょうあったことを一つひとつ語《かた》りかける。

馬《うま》のこと、子《こ》どもたちのこと、退院《たいいん》したらいっしょにやりたいこと……。

「きょうね、ブーディがまた変《へん》なことしてたんだよ。」

思《おも》いだして、笑《わら》いがこぼれた。ブーディとは、イグレットで飼《か》っている犬《いぬ》だ。

「ブーディったら、走《はし》っている馬《うま》と競走《きょうそう》しようとしたの。」

イグレットには、いつのまにか犬《いぬ》や猫《ねこ》も集《あつ》まってくるようになっていた。それは、和馬《かずま》さんがいるからだった。

馬《うま》だけではなく、どんな動物《どうぶつ》でも、分《わ》けへだてなく接《せっ》してかわいがる和馬《かずま》さんに、動物《どうぶつ》たちも心《こころ》を開《ひら》くのだ。

和馬《かずま》さんが入院《にゅういん》すると、馬《うま》や犬《いぬ》たちもどことなくさみしそうだ。

わたしは思《おも》いうかんだことを、ゆっくりと話《はな》していく。和馬《かずま》さんは返事《へんじ》をしてくれるわけではない。なにも語《かた》らない。でも、たしかに聞《き》いてくれていた。

つないだ手《て》のぬくもりが、それを伝《つた》えていた。

和馬《かずま》さんが、今生《いまい》きていること。それだけが重要《じゅうよう》だった。和馬《かずま》さんの顔《かお》を見《み》るだけで、ふしぎと『明日《あす》もがんばろう。』と元気《げんき》がわいてくる。

なにもできなくていい。なにもしてくれなくっていい。存在《そんざい》している、息《いき》をしている、かすかなぬくもり……。ただそれだけでよかった。それだけで、かけがえがない。

「生《い》きているだけで、ただここにこうしているだけで、それだけでいいんだ……。」

初《はじ》めて、心《こころ》からそう思《おも》えた。

そのとき、和馬《かずま》さんに対《たい》する、今《いま》までの自分《じぶん》のすがたが思《おも》いうかんだ。思《おも》いたったら、なんでもやろうとする無鉄砲《むてっぽう》なわたしに、和馬《かずま》さんはいつも『いいね、やってみたら?』と、背中《せなか》をおしてくれた。

一方《いっぽう》で、めんどうくさいことは、いつも和馬《かずま》さんにたのんだ。してくれてあたりまえだと思《おも》っていた。

でも、ちっともあたりまえじゃなかった。みんな和馬《かずま》さんのやさしさだったのだ。

イグレットのことも、考《かんが》えてみれば、脳腫瘍《のうしゅよう》になった人《ひと》に乗馬《じょうば》クラブのオーナーをまかせるなんて、無茶《むちゃ》な話《はなし》だったのではないだろうか――。

でもわたしは、

『和馬《かずま》さんの夢《ゆめ》をかなえるために、わたしはがんばっているんだ。』

と、なんの疑問《ぎもん》も持《も》っていなかった。

和馬《かずま》さんの気持《きも》ちやいたみを思《おも》いやれずにいた。

和馬《かずま》さんはほんとうは、どんな気持《きも》ちでいたんだろう。馬《うま》の仕事《しごと》のこと、将来《しょうらい》のこと、そして病気《びょうき》のこと……。それを知《し》ろうとせず、考《かんが》えようともせず、わたしはいつだって自分《じぶん》しか見《み》ていなかった。

なんてわがままだったんだろう……。

「ごめんね……、和馬《かずま》さん。」

後悔《こうかい》とともになみだがあふれてくる。

にぎっている和馬《かずま》さんの手《て》を、ほおにおしあてる。和馬《かずま》さんがよくなるように、強《つよ》く願《ねが》った。

和馬《かずま》さんともっと話《はな》したい。

和馬《かずま》さんの話《はなし》を聞《き》きたい。

もう一度《いちど》、家族《かぞく》みんなで笑《わら》いあいたい。

いっしょに家《いえ》に帰《かえ》りたい。

そのために、できることはなんでもやろう。もう後悔《こうかい》はしたくない。


それからというもの、子《こ》どもたち三人《にん》に声《こえ》をかけ、いっしょに病院《びょういん》へと通《かよ》いつづけた。

ベッドに横《よこ》たわる和馬《かずま》さんの手《て》をにぎると、ほんのりとあたたかさが伝《つた》わってくる。

ああ、生《い》きている!! 生《い》きていてくれている!!

個室《こしつ》だったこともあり、わたしも子《こ》どもたちも、和馬《かずま》さんのもうひとつの部屋《へや》、という感《かん》じで毎日通《まいにちかよ》った。

反応《はんのう》がないとか、よびかけてもこたえられない人《ひと》だという発想《はっそう》は、みじんもない。

「足《あし》をあたためるのがいいんじゃない?」

「じゃあ、足湯《あしゆ》をやってみようか?」

和馬《かずま》さんの体《からだ》や足《あし》をさすりながら、馬《うま》たちのようすや学校《がっこう》のことを、みんなで話《はな》して聞《き》かせた。

「パピー、これ見《み》て。パピーのために作《つく》ったんだよ。」

子《こ》どもたちはそれぞれ作《つく》った工作《こうさく》や人形《にんぎょう》を持《も》ってきては、和馬《かずま》さんに見《み》せたり、まくらもとにかざる。

わたしたちにとって、和馬《かずま》さんに会《あ》いにいくことは、すごくワクワクすることで、毎日《まいにち》病院《びょういん》に行《い》くのが楽《たの》しみだった。

「ねえ、パピー、聞《き》いてる？　わたしね、好《す》きな人《ひと》ができたんだ。パピーみたいにかっこいい子《こ》だよ。」

次女《じじょ》がほおを赤《あか》らめて言《い》った。その次女《じじょ》を長男《ちょうなん》がからかう。

「じゃあ、ダイエットしなくちゃね。このごろ太《ふと》りすぎだぞ。」

「いいでしょ、もう!!」

病室《びょうしつ》に子《こ》どもたちの笑《わら》い声《ごえ》がひびく。わたしも笑《わら》った。

馬《うま》たちや、イグレットに咲《さ》く花《はな》、鳥《とり》を写真《しゃしん》にとっては、かべにかざった。馬《うま》たちの写真《しゃしん》をはりながら声《こえ》をかける。

「もう一度《いちど》、馬《うま》たちに会《あ》いにいこうね。」

和馬《かずま》さんの頭《あたま》の上《うえ》は、まるでイグレットの馬場《ばば》にいるかのように、馬《うま》や花《はな》の写真《しゃしん》でいっぱいになった。

和馬《かずま》さんの目《め》がさめたら、帰《かえ》ろう。

子《こ》どもたちと馬《うま》たち——あなたの愛《あい》するすべてのものが待《ま》つイグレットへ、手《て》を取《と》りあい、いっしょに帰《かえ》ろう。

しかし、和馬《かずま》さんの目《め》がふたたび開《ひら》くことはなかった。

一九九五年《ねん》の五月《がつ》。和馬《かずま》さんは、この世《よ》を去《さ》った。四十五歳《さい》だった。

「イグレット」のクラブハウスにかざってある和馬《かずま》さんの写真《しゃしん》。

5 守《まも》りたい

和馬《かずま》さんのお葬式《そうしき》は、イグレットで行《おこな》った。馬《うま》や犬《いぬ》たちも静《しず》まりかえって、いなくなった和馬《かずま》さんをしのんでいるようだ。空《そら》はすっきりと晴《は》れわたっている。

お通夜《つや》も告別式《こくべつしき》も、お別《わか》れにおとずれる人《ひと》がいつまでも続《つづ》いた。

和馬《かずま》さんって、たくさんの人《ひと》に好《す》かれていたんだなあ……。

とぎれない列《れつ》に、あらためて和馬《かずま》さんの存在《そんざい》の大《おお》きさを感《かん》じる。

子《こ》どもたちはわたしのとなりにいるが、気丈《きじょう》にも参列者《さんれつしゃ》に向《む》かって、しっかりとおじぎをくりかえしている。

「これからたいへんだと思《おも》うけど、がんばってね。」

「できることがあったら、えんりょなく言《い》ってね。」

「ありがとうございます。」

そのたびに頭《あたま》を下《さ》げる。

これからいったいどうなっちゃうんだろう……。まるで想像《そうぞう》がつかない。

みんなに心配《しんぱい》されないように、しっかりしなくては。

参列者《さんれつしゃ》の前《まえ》では平気《へいき》そうにふるまった。

ついに、棺《ひつぎ》をとじるときがきた。色《いろ》とりどりの花《はな》にかこまれてねむる和馬《かずま》さんの顔《かお》を、子《こ》どもたちとじっと見《み》つめる。

くりかえした手術《しゅじゅつ》と長《なが》い入院生活《にゅういんせいかつ》で、すっかりやせてしまった体《からだ》。それでも表情《ひょうじょう》はおだやかで、ほほえみをうかべているようにも見《み》えた。

「パピー……。わたしたちのこと、わすれずにずっと見《み》ててね。」

長女《ちょうじょ》がわざと明《あか》るい口調《くちょう》で声《こえ》をかけ、そっと白《しろ》いユリを胸《むね》に置《お》いた。長男《ちょうなん》は歯《は》を食《く》いしばり、なみだをこらえている。

わたしは花《はな》といっしょに、馬《うま》や鳥《とり》の写真《しゃしん》を入《い》れながら、心《こころ》の中《なか》で語《かた》りかけた。

和馬《かずま》さん、なんどもなんども手術《しゅじゅつ》してつらかったね……。むりさせちゃってごめんね。

『そんなこと、気《き》にしないでいいんだよ。』

いつもの笑《わら》いとばすような返事《へんじ》を期待《きたい》してしまう。でも、その声《こえ》は聞《き》こえない。

やせこけたほおにふれると、氷《こおり》のように冷《ひ》えきっていた。

「今《いま》までありがとう。ほんとうに……。」

「パピー……。」

だまって和馬《かずま》さんを見《み》つめていた次女《じじょ》が、小《ちい》さくよびかけた。そのふるえる肩《かた》をだきしめる。わたしを見上《みあ》げた次女《じじょ》の目《め》から、大《おお》つぶのなみだがこぼれおちた。

しっかりしなければ……。この子《こ》たちには、わたししかいない。これからは和馬《かずま》さんのぶんも、わたしが守《まも》らなければいけないんだ。

子《こ》どもたちと十五頭《とう》の馬《うま》、五人《にん》のスタッフ、そしてイグレットが、わたしを待《ま》ちうけている。

悲《かな》しみにくれているよゆうなんてない。くちびるをかみしめ、なみだをこらえた。

それから一週間《しゅうかん》がたとうとしていた。

わたしはクラブハウス前《まえ》のベンチにすわって、ぼんやりしていた。和馬《かずま》さんが亡《な》くなったあと、馬《うま》たちはどことなくおとなしい。

ふいにクラブハウスのドアが開《あ》いた。

「オーナー、電話《でんわ》が入《はい》ってますよ。」

スタッフの声《こえ》に、わたしはベンチから立《た》ちあがる。

電話《でんわ》の相手《あいて》は中小企業金融公庫《ちゅうしょうきぎょうきんゆうこうこ》の人《ひと》だった。

「だいじょうぶですか？　イグレットはあなたが経営《けいえい》されるんですか？」

心配《しんぱい》そうな声《こえ》がひびいた。

「だいじょうぶです。わたしがやります。」

相手《あいて》の不安《ふあん》をふきとばすように強《つよ》がってこたえたものの、胸《むね》がきりりといたむ。

イグレットの代表《だいひょう》はわたしがひきうけるしかなかった。

会社《かいしゃ》につとめたこともないのに、いきなり経営者《けいえいしゃ》になるとは……。右《みぎ》も左《ひだり》もまったくわからない。そもそも馬《うま》の世界《せかい》のことだって、なにも知《し》らない。

だけど、馬《うま》たちは生《い》きている。もし世話《せわ》を放《ほう》りだしたら、生《い》きていけなくなってしまう。馬《うま》の仕事《しごと》に休《やす》みはないのだ。

世話《せわ》をするスタッフも、なれていない人《ひと》がほとんどだ。

和馬《かずま》さんがいるから、スタッフは少《すこ》しずつ育《そだ》てていけばだいじょうぶ、とかんたんに考《かんが》えていた。

できることなら、だれかに代《か》わってもらいたい。すぐに、そんな思《おも》いがわいてくる。

けれど、借《か》りたお金《かね》がまだたくさん残《のこ》っている。和馬《かずま》さんが大事《だいじ》にしてきたイグレットを、売《う》りわたすことだけはしたくない。

その思《おも》いだけが、心《こころ》のささえだ。

クラブの運営《うんえい》に必要《ひつよう》な資料《しりょう》や書類作成《しょるいさくせい》も時間《じかん》がかかった。もともと細《こま》かい作業《さぎょう》がにがてなわたしは、いつのまにか書類《しょるい》がぐちゃぐちゃになってしまう。

ちらかったつくえを見《み》ながら、ためいきをついていると、

「よかったら、手伝《てつだ》いましょうか。」

と、声《こえ》をかけられた。見《み》ると、スタッフの加藤《かとう》めぐみさんだった。

加藤《かとう》さんは、馬《うま》が好《す》きでイグレットに入《はい》ってきた人《ひと》で、競馬《けいば》にもくわしい。

以前《いぜん》から事務処理《じむしょり》が得意《とくい》だなと思《おも》っていたから、わたしはときどき、整理《せいり》するのを手《て》伝《つだ》ってもらうようになった。

会員《かいいん》さんにも、和馬《かずま》さんがいなくなったことで、不安《ふあん》にならないように説明《せつめい》をした。

「イグレットは、わたしがひきつぎます。なれないところもありますけれど、みなさんがいてこそのイグレットです。これからもよろしくお願《ねが》いします。」

一人《ひとり》ひとりに頭《あたま》を下《さ》げた。

とにかく会員《かいいん》をふやさなければ……。あせる気持《きも》ちで、駅前《えきまえ》や近所《きんじょ》にチラシやパンフレットをくばって歩《ある》く。

しかし毎月《まいつき》のように、赤字《あかじ》がふえていく。

お金《かね》がかかっているのが、おもに馬《うま》のエサ代《だい》だ。サラブレッドの体重《たいじゅう》五百キロくらいの馬《うま》なら、一日《いちにち》に十〜十五キロのエサを食《た》べる。

どうにかエサ代《だい》を安《やす》くできないだろうかとなやんだ。

あんなに大《おお》きいんだから、ちょっとくらい、へらしても平気《へいき》なんじゃない？

エサの種類《しゅるい》を安《やす》いものにかえたり、量《りょう》をへらしてみたこともある。だけど、気《き》をつけなければ馬《うま》の体調《たいちょう》が悪《わる》くなってしまう。

なんとかしたくても、スタッフからは指示《しじ》や判断《はんだん》をせまられるし、外部《がいぶ》からは問《と》い合《あ》わせがくるし、それだけを考《かんが》えているわけにいかない。

あれもこれも手《て》がまわらなくなると、イライラすることが多《おお》くなった。

スタッフに対《たい》しても、

「なんで、言《い》ったことをやってないの？」

と、強《つよ》い口調《くちょう》で注意《ちゅうい》していることに気《き》づかずにいた。


その年《とし》の夏《なつ》が近《ちか》づいてきたある日《ひ》の夜《よる》、住《す》みこんではたらいているスタッフが、わたしの前《まえ》にやってきた。

「わたし、来月《らいげつ》でイグレットをやめさせていただきます。」

いきなりだった。

「ちょっと待《ま》って。二人《ふたり》で話《はなし》をしよう。」

じつは馬《うま》のエサ以外《いがい》に、スタッフのお給料《きゅうりょう》も少《すこ》しへらしていた。それもやめたい理由《りゆう》のひとつだという。

今《いま》やめられてはこまる！　馬《うま》の世《せ》話《わ》や管理《かんり》をするスタッフはギリギリの人数《にんずう》しかいないんだから。

「自信《じしん》がないんです……。もうむりです。」

たしかに経験《けいけん》が少《すく》ないうえに、たよれる人《ひと》もいなくて、不安《ふあん》だったにちがいない。それは、わたしだって同《おな》じだ。

「今《いま》がいちばんたいへんなの。やめられたら、すごくこまるのよ。」

必死《ひっし》になってひきとめ、そのまま朝《あさ》まで話《はなし》をした。そのときは納得《なっとく》したように見《み》えたが、その数日後《すうじつご》もう一度《いちど》やめたいと言《い》い、彼女《かのじょ》はクラブを去《さ》った。

つぎの人《ひと》を見《み》つけても、またべつのスタッフがやめることになり、入《い》れかわりがはげしくなって、さらに経営《けいえい》はうまくいかなくなった。

「なんで、こうなってしまうんだろう。」

だれかに相談《そうだん》したいけれども、不安《ふあん》な気持《きも》ちを見《み》せたくない。

そのとき、ふいに和馬《かずま》さんに言《い》われたことが頭《あたま》をよぎった。

育成牧場《いくせいぼくじょう》をやっていたころ、和馬《かずま》さんもスタッフのことでなやんでいた時期《じき》があった。

『いい子《こ》なんだけどなあ。馬《うま》の世話《せわ》の手順《てじゅん》がなかなか覚《おぼ》えられないんだよなあ。』

そう話《はな》す和馬《かずま》さんに、わたしは言《い》った。

『だったら、やめてもらえば？』

和馬《かずま》さんはムッとなる。

『どうして、そういうことを言《い》うんだ。向《む》いているかどうか、まだわからないだろう。すぐに決《き》めつけて、線引《せんび》きするのはよくないぞ。』

ふだん、わたしがすることには、「やってみれば？」と理解《りかい》し、「その行動力《こうどうりょく》はすばらしい。」と感心《かんしん》して、協力《きょうりょく》してくれるのに、わたしがちょっと上《うえ》から目線《めせん》の発言《はつげん》をすると、そんなふうに注意《ちゅうい》がとんでくる。

人《ひと》にも動物《どうぶつ》にも分《わ》けへだてなく接《せっ》する和馬《かずま》さんは、切《き》りすてることをいやがった。馬《うま》のトレーニングのときも線引《せんび》きするのがきらいで、能力《のうりょく》でくらべたり、分《わ》けたりもしない。それぞれの馬《うま》に合《あ》ったやり方《かた》を、いろいろとためしていた。

すぐに行動《こうどう》するわたしは、あれこれ思《おも》いなやむより、パッと決断《けつだん》してしまう。そのぶん相手《あいて》の立場《たちば》に立《た》って考《かんが》えたり、気持《きも》ちを感《かん》じとったりすることがにがてだ。

だからあのときも、「やめてもらえば?」と、すぐに思《おも》ったのだ。

もしかしたらわたしは、そうやって相手《あいて》を切《き》りすててきたのかもしれない。

和馬《かずま》さんはそのことを教《おし》えてくれていたのに、わたしはあまりに鈍感《どんかん》だった。

自分《じぶん》がよくないのではと感《かん》じつつ、でも、と思《おも》いなおす。今《いま》は、和馬《かずま》さんみたいに、気《き》長《なが》に待《ま》つなんてできない。即戦力《そくせんりょく》が必要《ひつよう》なのだ。

家《いえ》でも同《おな》じだった。

和馬《かずま》さんが亡《な》くなったあと、毎日《まいにち》の生活《せいかつ》は変《か》わった。

イグレットにかかわる日々《ひび》は予想《よそう》以上《いじょう》にきびしく、いそがしい。子《こ》どもたちとゆっくり話《はな》す時間《じかん》もない。

それもあって、子《こ》どもたちには「ちゃんとするのよ。」「自分《じぶん》たちでできるようになりなさい。」と言《い》ってきかせるばかり。とくに次女《じじょ》とは、いつのまにか会話《かいわ》が少《すく》なくなっていた。

なんとかしなくちゃとあせりながらも、仕事優先《しごとゆうせん》の日々《ひび》が続《つづ》いていく。

経営《けいえい》も子育《こそだ》ても手《て》さぐり状態《じょうたい》のわたしに対《たい》して、ストレートにアドバイスしてくれるような人《ひと》はいなかった。

いや、いたのかもしれない。でもなにか言《い》われても、

「わたしはそんなことないわ。」

とつっぱね、せっかく言《い》ってもらったことが、なにも心《こころ》に入《はい》らなかったのかもしれない。

馬《うま》のエサ代《だい》やスタッフのお給料《きゅうりょう》以外《いがい》にも、思《おも》いつくものをけずってみた。だけど、会員《かいいん》さんのためのサービスはへらせないし、馬《うま》がけがをすれば治療費《ちりょうひ》がかかる。なんとかしようとがんばっても、空回《からまわ》りするばかりだ。

「どうして、うまくいかないの？　こんなにやってるのに！」

ためいきしか出《で》てこない。

どうしたらいいんだろう。どう解決《かいけつ》したらいいかわからない。

やっぱり、わたしがオーナーだなんてむりだったんだ。どうして乗馬《じょうば》クラブなんて作《つく》ったんだろう。そもそもまちがいだったのかもしれない……。

とげとげした気持《きも》ちで、心《こころ》はうめつくされていた。

秋《あき》も深《ふか》まったある日《ひ》、一人《ひとり》で、牧場《ぼくじょう》の柵《さく》によりかかってぼんやりしていたときのこと。放牧《ほうぼく》されていた茶色《ちゃいろ》い毛《け》なみの馬《うま》が近《ちか》づいてきた。オセロだ。和馬《かずま》さんがカナダからつれてきたオセロは、パンフレットのモデルをつとめたり、背中《せなか》にシラサギが乗《の》っているシルエットをイグレットのマークにしたりと、クラブにとって大《だい》事《じ》な馬《うま》になっていた。

わたしの前《まえ》にきたオセロは、ニュ〜ッと柵《さく》の外《そと》に顔《かお》をのばしてくる。

「なあに？　おやつはなんにも持《も》ってないよ。」

そう言《い》っても立《た》ちさろうとしない。大《おお》きいひとみが、こちらをじっと見《み》つめてくる。

「どうしたの？」

顔《かお》をのぞきこんで、オセロの鼻《はな》をなでる。するとオセロは、顔《かお》をわたしにすりよせてきた。

「よしよし、いい子《こ》ね。」

両手《りょうて》で大《おお》きな顔《かお》をそっとだきしめ、ほおを重《かさ》ねあわせる。オセロはそのままじっとしていた。

ビロードのようにすべすべしたはだ。ゆっくりとした息《いき》づかいが、わたしのほおや肩《かた》にかかってあたたかい。

「和馬《かずま》さんがいなくなっちゃって、さみしいねえ、オセロ。」

「ブルン。」

「わたしもがんばってるんだけど、和馬《かずま》さんのようにできないの。なにもかもぜんぜんうまくいかない……。これじゃあ、みんなが不安《ふあん》になるのもしかたないよねえ。」

「ブルル、ブルン。」

「和馬《かずま》さんがいたらなあ……。いっしょにいてくれたら……。どうして、いなくなっちゃったんだろうねえ、オセロ。なんで……。」

思《おも》わず、なみだがあふれてくる。

するとオセロが、わたしの肩《かた》にそっとあごをのせてきた。

まるでわたしのほうがだきしめられ、つつみこまれているかのような、あったかい気持《きも》ちになる。

なみだが、あとからあとからこぼれおちていく。

すると、オセロは口《くち》をハムハムさせ、わたしの髪《かみ》をくわえてきた。

「ちょっとオセロったら、なにするの～。」

髪《かみ》がクシャクシャになってしまったわたしは、泣《な》き顔《がお》のまま、思《おも》わずふきだしてしまった。なみだをふいて、オセロの鼻《はな》すじをなんどもなでる。

「オセロは、長生《ながい》きしてちょうだいね。」

笑顔《えがお》で声《こえ》をかけたわたしに、オセロはフーンと大《おお》きく鼻息《はないき》をはくと、安心《あんしん》したようにゆっくりと歩《ある》きだした。

オセロは、わたしの気持《きも》ちをわかってるんだ……。

大好《だいす》きな和馬《かずま》さんがいなくなって、オセロだってさみしいはずなのに、冷《つめ》たくこおりついたわたしの心《こころ》を感《かん》じとり、一生懸命《いっしょうけんめい》あたためようとしてくれていたんだ……。

『元気《げんき》だして。ねえ、元気《げんき》だしてよ。』と……。

「ありがとうね、オセロ。」

背中《せなか》を見《み》つめながら、そっとつぶやく。

初《はじ》めて素直《すなお》になれた気《き》がした。

和馬《かずま》さんからゆずりうけた馬《うま》とクラブ、そして子《こ》どもたち。

どれも大事《だいじ》にしたいのに、苦《くる》しくなるばかりで、おしつぶされかけていた。

オセロのおかげで、わたしの心《こころ》はすっかり軽《かる》くなっていた。


それからは、時間《じかん》を見《み》つけて馬《うま》の世話《せわ》を始《はじ》めた。

イグレットでは、スタッフたちが手分《てわ》けして、朝飼《あさがい》、昼飼《ひるがい》、夕飼《ゆうがい》、夜飼《よがい》と、一日《いちにち》四回《かい》のごはんをあげている。

ごはんをあげたあとは、放牧地《ほうぼくち》につれていって自由《じゆう》にさせる馬《うま》もいれば、トレーニングをする馬《うま》もいる。

その間《あいだ》に、馬房《ばぼう》（馬《うま》の部屋《へや》）のそうじもする。

すべての馬《うま》に対《たい》して、いっせいに同《おな》じことはできないから、一頭一頭《いっとういっとう》の性格《せいかく》や状態《じょうたい》を見《み》ながら、放牧《ほうぼく》のタイミングやそうじのやり方《かた》を工夫《くふう》している。

馬《うま》はもともと、長《なが》い距離《きょり》を移動《いどう》しながら一日中《いちにちじゅう》ずっと草《くさ》を食《た》べてすごす習性《しゅうせい》を持《も》つ。

胃《い》が小《ちい》さいから、一度《いちど》にたくさんのごはんをあげるより、少《すこ》しずつ小分《こわ》けにしたほうが馬《うま》の体《からだ》への負担《ふたん》が少《すく》ない。

オセロをはじめ、馬《うま》たちをよく見《み》てみると、それぞれ食《た》べ物《もの》の好《この》みや性格《せいかく》のちがいがあることがわかってきた。

オセロは性格《せいかく》がおだやかでジェントルマン。だけど、かなりのおくびょう者《もの》で、びっくりすると走《はし》りだしてしまうくせがある。

すぐあわててしまうのは、アイランドダンディー。金髪《きんぱつ》のジェニーは、今《いま》ではすっかり写真撮影《しゃしんさつえい》されるのが得意《とくい》になっている。ほかの馬《うま》より少《すこ》し年上《としうえ》のシューマッハは、落《お》ち着《つ》いていて、安心《あんしん》してお客《きゃく》さんを乗《の》せることができる馬《うま》だ。

それまでのわたしは、ざっくりとまとめて、〝馬《うま》〟としか見《み》ていなかった。だから何頭《なんとう》いても同《おな》じだった。

だけど、そうじゃなかった。どの馬《うま》もすごくおちゃめで、ユニークで、個性的《こせいてき》。まるで人間《にんげん》のようにいろいろな表情《ひょうじょう》をする。

犬《いぬ》や猫《ねこ》とも大《だい》の仲良《なかよ》しだ。イグレットの三匹《びき》の犬《いぬ》たちは放《はな》し飼《が》いにしているから、馬《うま》たちといっしょに走《はし》りまわる。そのためにいつもどろんこになってしまう。そんなときは、犬《いぬ》たちと馬《うま》たちが仲良《なかよ》くそろってシャワー待《ま》ちだ。

猫《ねこ》も馬《うま》たちをこわがりもせず、馬房《ばぼう》にしのびこんでみたり、馬《うま》の鼻《はな》に顔《かお》をこすりつけてあまえたりする。馬《うま》のほうもおこったり、いやがったりすることもなく、じっと動《うご》かずにいる。そんなすがたを見《み》ると、心《こころ》がホッとなごむ。

動物《どうぶつ》ってこんなにもかわいかったんだ……。

和馬《かずま》さんが動物《どうぶつ》たちを家族《かぞく》のように思《おも》っていた気持《きも》ちが、ようやくほんの少《すこ》しだけわかったような気《き》がした。

この子《こ》たちを、そしてイグレットをなんとかして守《まも》りたい。

だから、もう一回《いっかい》がんばるんだ、と心《こころ》に決《き》めた。

6 馬《うま》の里《さと》親《おや》制《せい》度《ど》

一九九六年《ねん》になった。

イグレットの経営《けいえい》はあいかわらずきびしかったけれど、なんとか運営《うんえい》できていた。ただ、レッスンではスタッフがまだ馬《うま》をしつけきれなくて、スムーズに進《すす》めることができないでいる。

たとえば、レッスン中《ちゅう》に馬《うま》がなにかの音《おと》におどろいて、会員《かいいん》さんが落馬《らくば》してしまったことがあった。さいわいなことに大《おお》きな事故《じこ》にはならなかったけれど、そういうことが何回《なんかい》か続《つづ》いた。

「なにかあってからではおそいから、なるべく安心《あんしん》できる馬《うま》に乗《の》せるようにしよう。」

スタッフとも相談《そうだん》しあう。こんなとき、たよれる馬《うま》はシューマッハだ。シューマッハは、かしこくて落《お》ち着《つ》いた馬《うま》で、だれを乗《の》せても問題《もんだい》なく乗馬《じょうば》ができた。

だから、みんながシューマッハをレッスンに使《つか》うことが多《おお》くなって、一日何回《いちにちなんかい》も出番《でばん》がまわってくる。

そんな日《ひ》が続《つづ》いていたころのこと。シューマッハがわたしの夢《ゆめ》に出《で》てきたのだ。

わたしのまくらもとに立《た》って、じっとこちらを見《み》つめてくる。そして、

『ぼく、とってもたいへんなんだよ……。もうダメだ……。』

と、泣《な》きそうな顔《かお》で言《い》ったのだ。

『シューマッハ！』

わたしは飛《と》びおきた。

まずい！　シューマッハがたおれてしまったらたいへんだ。

翌日《よくじつ》、すぐにスタッフをよびあつめた。

「シューマッハがね、わたしの夢《ゆめ》に出《で》てきて言《い》ったの。ぼく、もうダメだ……って。」

「えーっ、夢《ゆめ》に!?」

「そう。だから、これからはレッスンの数《かず》をへらそう。」

「そうですね……。ついついシューマッハにあまえてしまってました。」

厩舎《きゅうしゃ》を見《み》にいくと、足音《あしおと》を聞《き》きつけたシューマッハが、ヒョイッと顔《かお》をのぞかせる。

「今《いま》までみんなでたよっちゃってごめんね、シューマッハ。少《すこ》し休《やす》もうね。」

「ブルルン。」

わたしが鼻《はな》すじをなでると、シューマッハは目《め》をとじて気持《きも》ちよさそうにした。


四月《がつ》が近《ちか》づくと急《きゅう》に春《はる》めいてきた。

新《あたら》しい草《くさ》もたくさん生《は》えてきて、馬《うま》たちがワクワクする季節《きせつ》だ。

毎朝《まいあさ》、放牧《ほうぼく》すると、馬《うま》たちはいっせいに、ドドド……と走《はし》りだしていく。すると、犬《いぬ》のブーディが負《ま》けずに走《はし》りだす。朝《あさ》から馬《うま》と犬《いぬ》の追《お》いかけっこがくりひろげられる。みんな元気《げんき》いっぱいだ。

午後《ごご》のトレーニング中《ちゅう》のことだ。コンチェルトという馬《うま》が脚《あし》にけがをしてしまった。

「治療《ちりょう》に時間《じかん》がかかります。歩《ある》くことは問題《もんだい》ないかもしれませんが、もしかしたら乗馬《じょうば》の仕事《しごと》はむずかしいかもしれません。」

獣医《じゅうい》さんにそう言《い》われた。しかたない。なおるまで待《ま》とうと決《き》める。

けれど、けががなおっても、人《ひと》を乗《の》せるといたがるようになってしまい、コンチェルトは毎日《まいにち》、馬房《ばぼう》ですごすようになった。

こういうとき、ほかのクラブではどうしているのだろう。

同《おな》じように乗馬《じょうば》クラブをいとなんでいる知《し》り合《あ》いに聞《き》いてみる。

「売《う》ったほうがいいと思《おも》いますよ。」

「えっ、そうなんですか。」

「だって使《つか》えない馬《うま》を置《お》いていても、経費《けいひ》がかかるばかりでたいへんですよ。」

そういうものなのか……。たしかにエサ代《だい》や治療費《ちりょうひ》など、お金《かね》は出《で》ていくばかり。

うちで乗馬《じょうば》の仕事《しごと》をするのはむずかしくても、もしかしたらほかで、べつの仕事《しごと》ができるかもしれない。だんだんと、馬《うま》にとってもイグレットにとっても、そのほうがいいような気《き》がしてくる。

わたしはコンチェルトを手《て》ばなすことを決《き》めた。

馬《うま》はペットとしてではなく、牛《うし》や豚《ぶた》のような家畜《かちく》としてあつかわれることがほとんどだ。だから家畜商《かちくしょう》という、だれかから馬《うま》を買《か》って、ほかのだれかに売《う》ることを専門《せんもん》の仕事《しごと》にしている人《ひと》たちがいる。

わたしも家畜商《かちくしょう》にお願《ねが》いして、コンチェルトをひきとってもらうことにした。


それから一か月《げつ》ほどして、コンチェルトを売《う》りわたすときがきた。

クラクションが鳴《な》って、馬運車《ばうんしゃ》がイグレットの敷地《しきち》に入《はい》ってくる。馬運車《ばうんしゃ》は、トラックのような形《かたち》をした馬《うま》を乗《の》せる専用車《せんようしゃ》だ。

つれていかれるコンチェルトは、脚《あし》をふんばっていやがり、がんとして動《うご》かない。

「ほらっ、乗《の》れっ!!」

ひきとりにきた家畜商《かちくしょう》の大《おお》きな声《こえ》がひびく。イグレットのスタッフもなんとか乗《の》せようと手《て》をかしている。

コンチェルトは後《うし》ろ脚《あし》で立《た》ちあがると、いなないた。

「ヒヒヒーン!」

すると、厩舎《きゅうしゃ》からもそれにこたえるように、つぎつぎといななく声《こえ》が聞《き》こえてきた。雲《くも》が立《た》ちこめた灰色《はいいろ》の空《そら》に、馬《うま》たちの声《こえ》がこだまする。

ここにはもう、もどってこられないってわかるの……？

わたしは、コンチェルトがいやがるようすをじっと見《み》つめた。なんとなく悪《わる》いことをしている気分《きぶん》になってくる。

そうじゃない。馬《うま》の世界《せかい》ではあたりまえのことだし、しかたがないことなんだ……。自《じ》分《ぶん》に言《い》いきかせる。

コンチェルトは、ついにあきらめたのか、トボトボとうなだれながら、馬運車《ばうんしゃ》へ向《む》かう。

そのときだった。コンチェルトがわたしのほうをふりむいた。ひっぱられながら、なんとか首《くび》を曲《ま》げて、こちらを見《み》ようとする。

大《おお》きく見開《みひら》かれた目《め》。

『いやだよー！』

馬運車《ばうんしゃ》の中《なか》におしこまれる手前《てまえ》で、手綱《たづな》をひっぱり、前脚《まえあし》をふんばって最後《さいご》の抵抗《ていこう》をする。

『助《たす》けて……！』

目《め》が必死《ひっし》にうったえかけてくる。そのまなざしに、ハッとなった。

この子《こ》、ここにいたいんだ……。ここで、ほかの馬《うま》たちといっしょにくらしていたいにちがいない。

それなのに、まるでいらなくなった物《もの》をすてるみたいに、わたしはさっさと手《て》ばなしてしまおうとしている。

ごめん……。ごめんね……。ひどいことして、ごめんね……。

胸《むね》のおくから、もうしわけない気持《きも》ちがこみあげてくる。でも、いまさらどうすることもできない。

「新《あたら》しいところでも、幸《しあわ》せに……。」

声《こえ》をかけていると、バタンととびらが閉《し》まり、コンチェルトのすがたは見《み》えなくなった。そのまま馬運車《ばうんしゃ》は去《さ》っていく。

わたしは、しばらくその場《ば》に立《た》ちつくした。胸《むね》のざわつきがおさまらない。

馬《うま》の運命《うんめい》は悲惨《ひさん》だ。

かつやくしているときは大事《だいじ》にされるのに、仕事《しごと》ができなくなったりしたとたん、売《う》られてしまう。生《い》かすも殺《ころ》すも、人間《にんげん》の都合《つごう》しだいだ。

使《つか》えなくなったら、もういらない。人間《にんげん》にとって、馬《うま》はそういう存在《そんざい》なのだ。

それでほんとうにいいのだろうか。

『どんな馬《うま》だって能力《のうりょく》があるんだよ。』

和馬《かずま》さんは、いつもそう言《い》っていた。トレーニングが上手《じょうず》なだけじゃなく、馬《うま》の持《も》つ力《ちから》を信《しん》じる、熱《あつ》い人《ひと》だった。

『ダメな馬《うま》なんていないんだ。たとえば低《ひく》い障害《しょうがい》をとぶとか、人《ひと》を乗《の》せて馬場《ばば》の中《なか》を走《はし》るというくらいだったら、じっくり練習《れんしゅう》すれば身《み》につくものなんだよ。』

わたしは、馬運車《ばうんしゃ》が走《はし》りさった方向《ほうこう》に目《め》を向《む》けた。

コンチェルトの、必死《ひっし》にいななくせつない声《こえ》が耳《みみ》に残《のこ》っている。

結局《けっきょく》こうやって、使《つか》えないならいらないとひきわたす。わたし自身《じしん》が悲惨《ひさん》な運命《うんめい》を生《う》みだす側《がわ》にいるのかもしれない……。

もう、こんなふうにいらなくなった馬《うま》をすてるようなことをしたくない。

『馬《うま》にだけは生《う》まれかわりたくない。』

なんどもそう言《い》っていた和馬《かずま》さんの悲《かな》しみが、初《はじ》めてわたしの中《なか》に流《なが》れこんできた。なにもできなくてもいい。ここにいるだけでいい。――和馬《かずま》さんが亡《な》くなるとき、わたしはたしかにそう思《おも》った。

病院《びょういん》のベッドに横《よこ》たわる和馬《かずま》さんのすがたがよみがえる。家族《かぞく》みんなで、和馬《かずま》さんをかこんで笑《わら》いあった時間《じかん》。今《いま》、ともに生《い》きている、そのことだけでうれしかった。

その和馬《かずま》さんを失《うしな》い、すべてがうまくいかなくて落《お》ちこむわたしに、そっとよりそってくれたオセロ……。

「そうか！」

思《おも》わず、声《こえ》が出《で》た。

「和馬《かずま》さん、わたし、まちがってた。人《ひと》も動物《どうぶつ》も、なにかできなくても、ただ、そこにいるだけでいいのよね。み～んなたいせつなんだよね。」

なにができるかとか、なにをしてくれたか、じゃない。ただそこにいる。それだけでよかった。それだけではげまされた。

そうなんだ。み〜んな、たいせつな存在《そんざい》なんだ。

『そのとおり！　馬《うま》たちのこと、たのんだよ。』

和馬《かずま》さんの笑《わら》い声《ごえ》が聞《き》こえた気《き》がした。

心《こころ》のおくから、むくむくとエネルギーがわいてくる。

空《そら》を見上《みあ》げると、灰色《はいいろ》の雲《くも》の切《き》れ間《ま》から青空《あおぞら》が広《ひろ》がりはじめていた。


それからしばらくたったある日《ひ》、近所《きんじょ》の人《ひと》が犬《いぬ》の里親募集《さとおやぼしゅう》のチラシを持《も》ってきた。

「里親《さとおや》」とは、親《おや》の代《か》わりに子《こ》を育《そだ》てる人《ひと》のこと。

「犬《いぬ》の里親《さとおや》……？」

くりかえすと、頭《あたま》の中《なか》でなにかがはじけた。

馬《うま》で、同《おな》じようにしたらどうだろう？

乗馬《じょうば》の仕事《しごと》から引退《いんたい》した馬《うま》を手《て》ばなさずに飼《か》いつづけようと思《おも》うと、エサ代《だい》や治療費《ちりょうひ》、道具《どうぐ》の手入《てい》れや馬房《ばぼう》のそうじ代《だい》など、いろいろとお金《かね》がかかる。

しかも馬自身《うまじしん》がはたらけないと、レッスン代《だい》が入《はい》ってこなくなるわけだから、今《いま》のイグレットでは正直《しょうじき》言《い》ってむりだ。

でも何人《なんにん》かでお金《かね》を出《だ》しあえたら……？　たとえば、オセロやシューマッハが乗馬《じょうば》の仕《し》事《ごと》ができなくなったあと、親《おや》になってささえるような……。

うん、いいかも！　なんだかいけそうな気《き》がする！

さっそく、イグレットのスタッフに聞《き》いた。

「何人《なんにん》かでお金《かね》を出《だ》しあって、競馬《けいば》を引退《いんたい》した馬《うま》や、けがや年《とし》をとって仕事《しごと》ができなくなった馬《うま》の里親《さとおや》になるって、どう？」

「えー？　はたらけなくなった馬《うま》にお金《かね》を出《だ》してくれる人《ひと》なんているんですか？　どうなんだろう。むずかしいんじゃないですか。」

「えーっ、そう？　いいと思《おも》うんだけどなあ。」

友人《ゆうじん》にも聞《き》いたが、あまりいい反応《はんのう》がかえってこなかった。

そのとき、イグレットのスタッフの加藤《かとう》さんが、まだ普及《ふきゅう》しはじめたばかりのインターネットで競馬《けいば》ファンにアンケートをとってくれると言《い》いだした。

「アンケートのリンクボタンをはってもいいよと言《い》ってくれた人《ひと》がいるんですよ。」

「へえ、すごいね、やってみたい！　待《ま》ってて、質問《しつもん》を考《かんが》えてみるから。」

しばらくして、加藤《かとう》さんが結果《けっか》をまとめてくれた。それを見《み》ると、

『そういうしくみを作《つく》ってくれるのは、うれしい。』

『もし、ほんとうに始《はじ》まったら参加《さんか》したいです。』

と、四、五十人《にん》もの人《ひと》が回答《かいとう》してくれていた。

「すごいね！　こんなにいるんだ。」

びっくりした。好意的《こういてき》な人《ひと》は、もっと少《すく》ないと思《おも》っていたからだ。

「そうなんですよ、わたしもおどろきました。」

加藤《かとう》さんも目《め》を丸《まる》くしている。

「里親制度《さとおやせいど》がいいアイデアだってことじゃない？　これはチャンスよ！」

わたしは、イグレットの仕事《しごと》の合間《あいま》に、加藤《かとう》さんと少《すこ》しずつ里親制度《さとおやせいど》のことを相談《そうだん》した。

そして、一九九七年《ねん》の九月《がつ》に里親制度《さとおやせいど》の設立準備会《せつりつじゅんびかい》をスタートする。準備会《じゅんびかい》といっても、メンバーはわたしと加藤《かとう》さんの二人《ふたり》だけ。

あのインターネットのアンケートをきっかけにして、事務能力《じむのうりょく》がある加藤《かとう》さんに里親制度《さとおやせいど》を手伝《てつだ》ってもらうことにしたのだ。

和馬《かずま》さんがいつも心《こころ》をいためていた、現役時代《げんえきじだい》がみじかい競走馬《きょうそうば》から、里親《さとおや》にささえてもらう里子第一号《さとごだいごう》を選《えら》べないだろうか。

いろいろさがしていると、話《はなし》を聞《き》いたイグレットの会員《かいいん》さんが、

「この前《まえ》、インターネットの掲示板《けいじばん》に気《き》になる書《か》きこみを見《み》つけたんですよ。行《い》き場《ば》がない馬《うま》のひきとり先《さき》をさがしている北海道《ほっかいどう》の牧場《ぼくじょう》があるって。」

と言《い》ってきた。

「ほんとう⁉　どんな馬《うま》かわかる？」

「北海道浦河町《ほっかいどううらかわちょう》の渡辺牧場《わたなべぼくじょう》にいる、グラールストーンっていう馬《うま》です。最近《さいきん》までレースに出《で》ていて、重賞《じゅうしょう》を走《はし》ったこともあるみたいです。あと、お兄《にい》ちゃんがナイスネイチャだそうですよ。」

重賞《じゅうしょう》とは、競馬《けいば》のレースの中《なか》でもランクが上《うえ》の大《おお》きなレースのことだ。

「ナイスネイチャは有名《ゆうめい》です。あのアンケートのときに協力《きょうりょく》してくれた人《ひと》も、ナイスネイ

チャのファンだって言《い》ってましたよ。」

いっしょに話《はなし》を聞《き》いていた加藤《かとう》さんの声《こえ》がはずむ。

「行《い》き先《さき》をさがそうとするような牧場《ぼくじょう》の馬《うま》なら、一頭目《とうめ》にピッタリじゃない？」

わたしはすぐに連絡《れんらく》をとってみた。

「馬《うま》の里親制度《さとおやせいど》を始《はじ》めたいんです。その第《だい》一号《ごう》に、グラールストーンがピッタリだと思《おも》うんです。」

わたしの話《はなし》を聞《き》いた渡辺牧場《わたなべぼくじょう》の渡辺《わたなべ》さんは、こころよくグラールをゆずってくれることになった。

約半月後《やくはんつきご》の一九九七年《ねん》十二月《がつ》に「イグレット軽種馬《けいしゅば》フォスターペアレントの会《かい》」を設立《せつりつ》した。

軽種馬《けいしゅば》とは馬《うま》の種類《しゅるい》のよび名《な》で、おもにサラブレッドをさしている。

フォスターペアレントとは里親《さとおや》のことだ。それに対《たい》して、グラールストーンのような里《さと》子《ご》の馬《うま》を、フォスターホースと名《な》づけることにした。

里親制度《さとおやせいど》は、一口《ひとくち》いくらと金額《きんがく》を決《き》め、一口以上《ひとくちいじょう》の会費《かいひ》をはらって里親《さとおや》になってもらうしくみだ。

「いよいよ、始《はじ》まるんだ！」

たくさんの里親《さとおや》さんを集《あつ》めるぞ。わたしは、燃《も》えていた。

年《とし》が明《あ》けた一九九八年《ねん》一月《がつ》。グラールストーンが、イグレットにやってきた。がっしりとした体型《たいけい》のオスで、年齢《ねんれい》は九歳《さい》になっていた。

「これからよろしくね、グラール。」

馬房《ばぼう》に入《はい》ったグラールストーンに、さっそくあいさつする。明《あか》るい栗色《くりいろ》の毛《け》なみがつやつやとかがやく。

雑種犬《ざっしゅけん》のメリーがついてきて、グラールの馬房《ばぼう》の前《まえ》にチョコンとすわった。

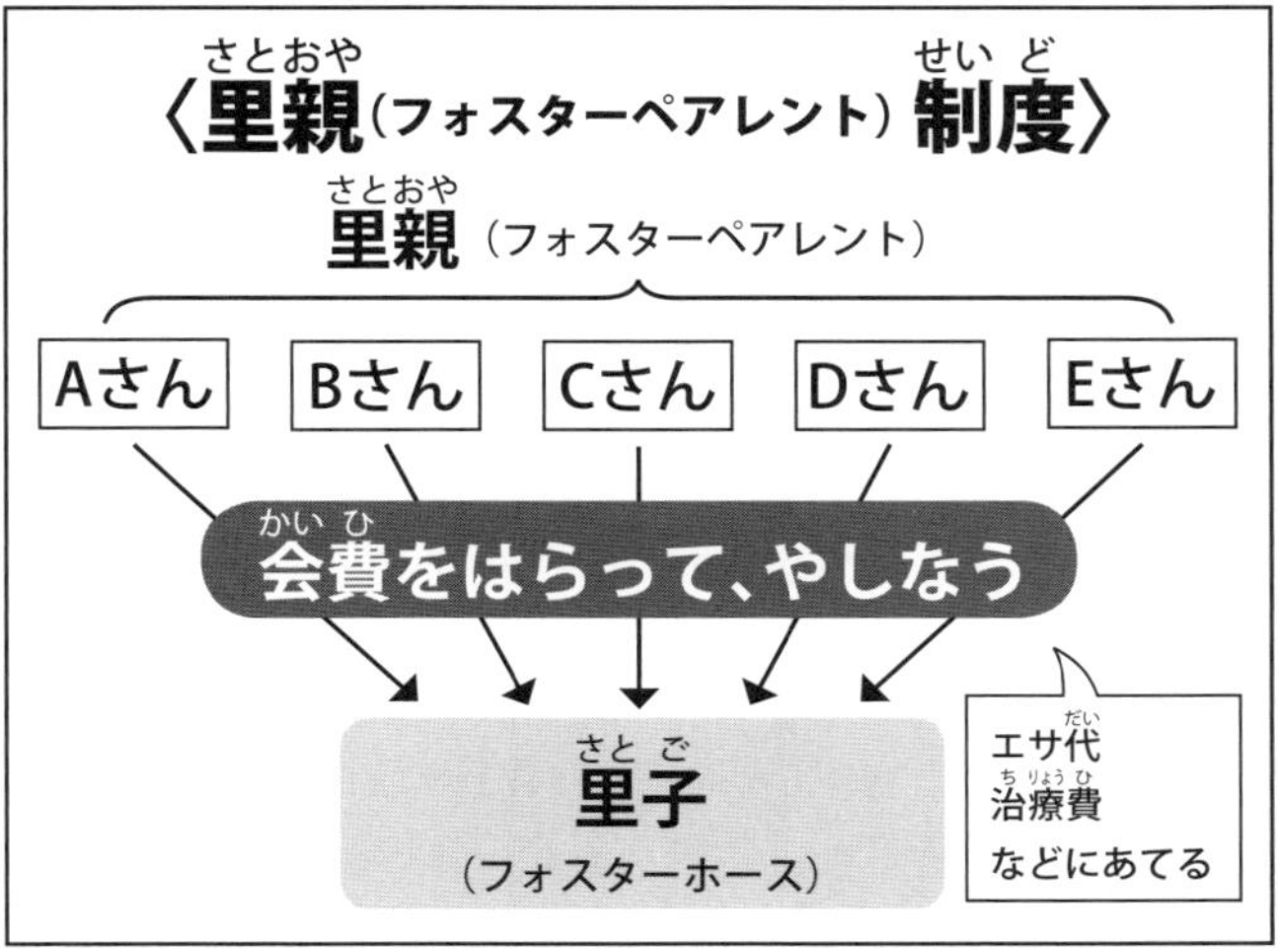

グラールがニューッと長《なが》く首《くび》をのばして、メリーと鼻《はな》と鼻《はな》をくっつけあう。

「この子《こ》はメリーっていうの。仲良《なかよ》くしてあげてね。」

グラールの鼻《はな》すじをなでると、人《ひと》なつっこく顔《かお》をすりよせてきた。

「よーし、いっしょにがんばろうね、グラール！」

気合《きあい》が入《はい》るわたしを、グラールはびっくりしたように見《み》つめていた。

それからというもの、わたしは人《ひと》に会《あ》うたびに、フォスターペアレントの会《かい》を紹介《しょうかい》してまわる。もちろん、話《はなし》を聞《き》いて『いいね』と言《い》う人《ひと》たちもいた。でも、『いいね』と入会《にゅうかい》はべつの話《はなし》だった。

「どうしよう、ぜんぜん会員《かいいん》さんが集《あつ》まらない……。興味《きょうみ》を持《も》ってくれている人《ひと》は多《おお》いはずなのに、どうして？　やっぱり、始《はじ》めたのはまちがいだったのかな……。」

「そうですねえ……。じっさいにお金《かね》を出《だ》すとなると、むずかしいのかもしれません。」

わたしも加藤《かとう》さんも、頭《あたま》をかかえた。

グラールのエサやトレーニングにかかるお金《かね》は、里親《さとおや》さんの会費《かいひ》でまかなう。このまま会員《かいいん》さんが集《あつ》まらなければ、お金《かね》がたりなくなってしまう。

フォスターホース第《だい》1号《ごう》となったグラールストーン。
©川越弘子《かわごえひろこ》

「まずい！　このままだとイグレットもフォスターペアレントの会《かい》も、借金《しゃっきん》ばっかりになっちゃう。」

設立《せつりつ》したてのフォスターペアレントの会《かい》は、早《はや》くも雲行《くもゆ》きがあやしくなっていた。

7 グラちゃん

「里親《さとおや》さがしより、イグレットのほうが先《さき》じゃないですか。」

ついフォスターペアレントの活動《かつどう》に熱心《ねっしん》になるわたしに、スタッフがうったえてくる。

イグレットのスタッフにとっては、イグレットの存続《そんぞく》のほうがたいせつだ。和馬《かずま》さんのようにやり方《かた》を教《おし》えてくれる人《ひと》もいない中《なか》で、彼《かれ》らは日々《ひび》不安《ふあん》をかかえているのだろう。でもわたしもいっぱいいっぱいだ。

子育《こそだ》てにもじゅうぶん手《て》がまわっていなかった。長男《ちょうなん》と長女《ちょうじょ》はそれぞれ自分《じぶん》の進路《しんろ》について考《かんが》えているようだったが、その話《はなし》をじっくり聞《き》くこともできない。

そんな中《なか》、中学《ちゅうがく》を卒業《そつぎょう》する次女《じじょ》が、うちから遠《とお》くはなれたところにある高校《こうこう》に通《かよ》いたいと言《い》いだした。そして、ゆっくり話《はな》しあうこともなく、そこに決《き》めてしまった。

「だって、この家《いえ》にいたくないんだもん！」

はきすてるように言《い》い、家《いえ》を出《で》ていった。

ぼうぜんとした。ひきとめることもできなかったし、笑顔《えがお》で見送《みおく》ることもできなくて、しばらくなにも手《て》につかないまま、すごした。

次女《じじょ》はその高校《こうこう》に入《はい》ってから、髪《かみ》を金色《きんいろ》にそめた。初《はじ》めて見《み》たとき、わたしはおどろいて、思《おも》わず声《こえ》をあららげた。

「なに、その髪《かみ》の色《いろ》。ちゃんとしてちょうだい！」

「マミー（ママ）には関係《かんけい》ないでしょ！」

次女《じじょ》は言《い》い返《かえ》す。次女《じじょ》がどうしてそんなに反抗的《はんこうてき》になったのか、その気持《きも》ちがわからなかった。気《き》づかぬうちに、次女《じじょ》とのみぞは大《おお》きくなっていた。

和馬《かずま》さんがいてくれたら、きっとこういうとき、いっしょに考《かんが》えることができたんだろうな。子《こ》どもたちだって、わたしに言《い》えないことを和馬《かずま》さんに相談《そうだん》できただろう。

だけど今《いま》のわたしには、イグレットもフォスターペアレントの会《かい》もある。子《こ》どもたちのために、なかなか時間《じかん》を使《つか》えないでいた。

このころイグレットの会員《かいいん》さんから、クレームや意見《いけん》がとどくようになった。

「オーナー、これ読《よ》んでください。」

会員《かいいん》さんの何人《なんにん》かがまとまって、わたしに要望書《ようぼうしょ》を提出《ていしゅつ》してきた。馬《うま》のためにこうしてほしい、ああしてほしいという意見《いけん》がたくさん書《か》かれている。

書《か》かれている内容《ないよう》は、改善《かいぜん》できることと、むりなことがあった。けれど、それ以上《いじょう》に、多《おお》くの会員《かいいん》さんがクラブに対《たい》して不満《ふまん》を持《も》っていたことがショックだった。

結果的《けっかてき》に、そのなかから何人《なんにん》もイグレットを退会《たいかい》。あずかっていた馬《うま》も三頭《とう》もいなくなってしまい、大《おお》きな痛手《いたで》を受《う》けた。

なんとかしなければいけない。どうしたらイグレットの会員《かいいん》やフォスターペアレントを集《あつ》めることができるか、クラブハウスであれこれ考《かんが》えていたときのこと。

「だから、きてみたらわかるよって、さそってるの。わたしが車《くるま》でつれていってあげるからって。」

「そうだよ、きてみたらいいのに。乗馬《じょうば》をやりたくなるんじゃない？」

後《うし》ろから声《こえ》が聞《き》こえてきた。ふりむくと、イグレットがオープンしたときからの女性《じょせい》の会員《かいいん》さんが二人《ふたり》で話《はな》している。

わたしは思《おも》わず声《こえ》をかけた。

「あの、どなたか馬《うま》に興味《きょうみ》があるんですか？」

「わたしの友《とも》だちなんですけど、ずっと応援《おうえん》している競走馬《きょうそうば》がいるほど馬《うま》が好《す》きなのに、一度《いちど》もさわったことがないっていうんです。だから、今度《こんど》イグレットにいっしょに行《い》こうってさそったんですよ。」

そこへ、スタッフに引《ひ》かれたオセロが、クラブハウスの前《まえ》を通《とお》りかかった。中《なか》にいるわたしたちに気《き》づくと、窓《まど》ガラスのむこうからグイッと顔《かお》をつきだして、こちらをのぞきこんでくる。

クラブハウスはかべ一面《いちめん》が大《おお》きなガラスになっているから、迫力満点《はくりょくまんてん》だ。

「わっ！　もう、オセロったら〜。びっくりした〜。」

思《おも》わず笑《わら》い声《ごえ》があがる。

オセロに笑顔《えがお》を向《む》けながら、もう一人《ひとり》の会員《かいいん》さんが言《い》う。

「馬《うま》は、テレビで見《み》るのと会《あ》うのとではぜんぜんちがいますよね。わたしも、初《はじ》めて馬《うま》にさわったとき、すっごくあったかくてびっくりしたんです。あと、はだが思《おも》った以上《いじょう》にかたくて、おどろきました。」

「わたしはあの大《おお》きさです！」

二人《ふたり》の話《はなし》に、わたしもうなずく。

「たしかにそうですね。会《あ》ってふれてみると、ますます馬《うま》が好《す》きになりますよね。」

二人《ふたり》は『ぜったいつれてきます。』と、いきごんで帰《かえ》っていった。

そうか、そうなんだ。馬《うま》が好《す》きでも、じっさいに会《あ》ったこともさわったこともない人《ひと》がたくさんいるのかもしれない。

わたしは、オセロのことを思《おも》いだした。落《お》ちこんでいたわたしを、はげましてくれたオセロの体《からだ》は大《おお》きくて、あたたかかった。

あれから、オセロの存在《そんざい》はわたしの中《なか》で大《おお》きくなった。

グラールも多《おお》くの人《ひと》にとって、そんな存在《そんざい》になってほしい。

「そうだ！　会《あ》いにきてもらおう。あったかいグラールにふれてもらおう。里親《さとおや》になる馬《うま》がこうして生《い》きてるんだって感《かん》じられなければ、死《し》ぬまでささえるイメージがわかないよね。」

わたしはさっそく加藤《かとう》さんと相談《そうだん》して、グラールのイベントを考《かんが》えることにした。準備《じゅんび》する期間《きかん》や、グラールのトレーニングのことを考《かんが》え、開催《かいさい》は五月《がつ》に決《き》めた。やると決《き》めるといそがしくなった。案内《あんない》を送《おく》ったり、当日《とうじつ》くばる資料《しりょう》を作《つく》っていく。

ちょうどこのころ、新聞社《しんぶんしゃ》の取材《しゅざい》が立《た》てつづけに入《はい》った。乗馬《じょうば》に関《かん》する取材《しゅざい》だったけれど、わたしはフォスターペアレントのことも話《はな》した。当時《とうじ》はまだ馬《うま》の一口里親制度《ひとくちさとおやせいど》がなかったので、大手《おおて》四紙《し》の地方版《ちほうばん》の担当者《たんとうしゃ》がみんなきてくれた。

「へえ、馬《うま》の里親制度《さとおやせいど》ですか。めずらしいですね。」

関心《かんしん》を持《も》ってくれた記者《きしゃ》にイベントのことも話《はな》す。

「今度《こんど》、グラールとのふれあいイベントをやるんですよ。よかったら来《き》ませんか？」

「そうなんですか。せっかくだから、それも記事《きじ》に書《か》きましょう。」

記事《きじ》が千葉《ちば》の地方版《ちほうばん》にのると、千葉《ちば》エリアの人《ひと》から問《と》い合《あ》わせがつぎつぎに入《はい》った。

そして、〝フォスターペアレントの集《つど》い〟と題《だい》した、ふれあいイベント当日《とうじつ》をむかえた。午後《ごご》になると、フォスターペアレントの会員《かいいん》さんや新聞《しんぶん》を見《み》て申《もう》しこんでくれた人《ひと》たちがイグレットにやってきた。

犬《いぬ》たちがいっせいに出《で》むかえにいく。お客《きゃく》さんが来《く》るのがうれしいのだ。お客《きゃく》さんのまわりをグルグルかけまわったり、クラブハウスにわたしたちをよびにきたり、といそがしい。

馬《うま》を間近《まぢか》で見《み》るのが初《はじ》めて、という人《ひと》もけっこういて、運動《うんどう》している馬《うま》たちをめずらしそうにながめている。

そこへ、グラールストーンが馬房《ばぼう》からひかれて、パカパカと歩《ある》いてきた。

「わああ……、大《おお》きい。」

グラールの登場《とうじょう》に拍手《はくしゅ》が起《お》こる。グラールもわかるのか、胸《むね》をはって、ちょっぴり得意《とくい》そうだ。

みなさんにグラールを紹介《しょうかい》して、おやつ用《よう》に用意《ようい》したニンジンをくばる。

「さわってみてもいいですか。」

「どうぞ、どうぞ。順番《じゅんばん》にさわってみてください。」

一人《ひとり》ずつおそるおそる手《て》をのばす。ニンジンを差《さ》しだすと、大《おお》きな口《くち》でポリポリといい音《おと》を立《た》てておいしそうに食《た》べる。ニンジンがなくなると、

『もうないの～？　もっとちょうだい。』

と、からになった会員《かいいん》さんの手《て》に口《くち》をよせて、前脚《まえあし》をかくようなしぐさをする。

「かわいいー！」

グラールは、あっという間《ま》に人気者《にんきもの》になった。

そのあとは、グラールとのお散歩体験《さんぽたいけん》の時間《じかん》。グラールに曳《ひ》き手《て》というロープをつけて、会員《かいいん》さんがそれを持《も》って馬場《ばば》の中《なか》を歩《ある》く。

グラールは、会員《かいいん》さんに合《あ》わせてのんびりと後《うし》ろをついていく。

「グラちゃんとお散歩《さんぽ》できてる～。うれしい～！」

と、歓声《かんせい》があがる。

二十人《にん》もの人《ひと》が集《あつ》まり、二時間《じかん》ほどのイベントは成功《せいこう》だった。

「よかったですね。会員《かいいん》さんからも、もっとやってほしいという声《こえ》が多《おお》かったです。」

終了後《しゅうりょうご》、加藤《かとう》さんもホッとした声《こえ》になる。

「そうだね、とにかくまずは馬《うま》にふれてもらうことが第一歩《だいいっぽ》だね。」

それから二か月《げつ》ごとにイベントをして、十月《がつ》、ついにグラールの乗馬《じょうば》デビューになった。一人《ひとり》ずつ背中《せなか》に乗《の》ると、スタッフが横《よこ》についで馬場《ばば》をまわっていく。

「やったー、初《はじ》めて乗《の》れた！」

「うわっ！　たけーっ！　馬《うま》ってこんなに高《たか》いんだ。」

会員《かいいん》さんが、口々《くちぐち》にグラールの背中《せなか》でさけぶすがたがくりひろげられる。中《なか》には、両手《りょうて》を大《おお》きくバンザイする人《ひと》もいて、わたしは思《おも》わずふきだしてしまった。

乗馬体験《じょうばたいけん》が終《お》わった会員《かいいん》さんたちは、

「グラちゃん、ありがとう！　とっても楽《たの》しかった、また乗《の》せてね！」

となんどもなんども、首《くび》すじをなでていた。

その後《ご》、グラールのことが大好《だいす》きになった会員《かいいん》さんたちがメディアに向《む》けて、この活動《かつどう》のことを取材《しゅざい》してほしいと手紙《てがみ》に書《か》いてくれた。

それがきっかけで、新聞社《しんぶんしゃ》やテレビ局《きょく》から取材《しゅざい》の申《もう》しこみが入《はい》るようになる。

グラールは、自分《じぶん》の役割《やくわり》がだんだんとわかってきたのか、カメラを向《む》けられると、きりっとしたポーズをとり、カメラ目線《めせん》もバッチリだ。

「グラちゃん、すっかり〝営業部長《えいぎょうぶちょう》〟だねえ。すごいじゃないの。」

声《こえ》をかけると、『がんばったでしょ。おやつちょうだい。』と前脚《まえあし》をかくのだった。

メディアに出《で》たことで、いろいろな声《こえ》がとどいた。

今《いま》まで馬《うま》を知《し》らなかった人《ひと》が興味《きょうみ》を持《も》ってくれたり、会員《かいいん》になりたいと言《い》ってくれる人《ひと》がふえたりしたことはうれしかったが、一方《いっぽう》でこんな声《こえ》も聞《き》こえた。

「そんなお金《かね》にならないようなことをして、どうするの？　なにか意味《いみ》あるの？」

「いいことをしていますというふうに見《み》せて、ほんとうは乗馬《じょうば》クラブの会員《かいいん》をふやしたいだけなのよ。」

ほかの人《ひと》から見《み》れば、そう見《み》えるのかもしれない。考《かんが》えてみれば、今《いま》までだれもやっていないことなんだから、わかりづらいのもあたりまえだ。

フォスターペアレントになって、じっさいに馬《うま》たちとふれあった会員《かいいん》さんたちも、初《はじ》めのうちは馬《うま》たちのために、という気持《きも》ちで参加《さんか》していた。でもだんだんと、

「わたしのほうが元気《げんき》をもらってるんですよ。いつもあったかい気持《きも》ちになるんです。」

と話《はな》すようになった。

「グラちゃんに会《あ》いにくるようになってから、明《あか》るくなったねってまわりの人《ひと》に言《い》われるようになりました。」

「馬友《うまとも》だちができて、ありがたいです。ふだんもれんらくをとりあってるんですよ。」

そう話《はな》す会員《かいいん》さんたちの顔《かお》はかがやいている。

〝こちらがささえているつもりが、はげまされていた。〟

馬《うま》とすごすようになると、こういう感覚《かんかく》になることがよくある。馬《うま》だけじゃなく犬《いぬ》や猫《ねこ》なども同《おな》じだ。

動物《どうぶつ》とわたしたち人間《にんげん》は、おたがいにあたえあう存在《そんざい》、パートナーだ。グラールと会員《かいいん》さんたちを見《み》ていると、ほんとうにそうなんだなあと感《かん》じる。

わたしもそうだった。和馬《かずま》さんが入院《にゅういん》しているときも、亡《な》くなったあとも、オセロたちがそばにいてくれた。

そのおかげで心《こころ》があたたかくなり、立《た》ちあがることができた。そして、グラールに出《で》会《あ》った。引退《いんたい》して、居場所《いばしょ》も生《い》きがいもなくしていたグラール。

わたしと同《おな》じだ……。

和馬《かずま》さんを失《うしな》い、生《い》きがいをなくした自分《じぶん》とグラールが重《かさ》なった。だからこそ助《たす》けたいと思《おも》った。

もっとほかの馬《うま》たちも助《たす》けたい。馬《うま》とふれあう人《ひと》をふやしたい。

わたしの中《なか》で、だんだんとその思《おも》いが強《つよ》くなっていった。

8 ダメな子《こ》なんていない

ふれあいイベントをなんども行《おこな》ったことで、グラールストーンのフォスターペアレントは少《すこ》しずつふえていき、最大《さいだい》で六十三人《にん》にまでなった。

そこで、新《あら》たなフォスターホースをむかえようと決《き》め、一九九九年《ねん》、同《おな》じように引退《いんたい》した馬《うま》を生《い》かそうと活動《かつどう》している人《ひと》からゆずりうけた。

名前《なまえ》はハリマブライト（当時《とうじ》四歳《さい》）。黒《くろ》っぽい茶色《ちゃいろ》の毛《け》なみをしたメスだ。ふだんはマイペースで、キュートなハリマだけど、ごはんのときだけはべつ。食欲《しょくよく》おうせいで、いつもほかの馬《うま》とはりあって食《た》べている。

さらにその半年後《はんとしご》に、トウショウフェノマ（当時《とうじ》七歳《さい》）というオスがフォスターホースになった。フェノマは和馬《かずま》さんのお父《とう》さんが生産《せいさん》した名馬《めいば》、トウショウボーイの子《こ》どもの一頭《とう》だ。

トウショウボーイは、いくつもの大《おお》きなレースで優勝《ゆうしょう》し、ＪＲＡ《ジェイアールエー》（日本中央競馬会《にほんちゅうおうけいばかい》）の殿《でん》堂入《どうい》りもはたしている名馬《めいば》だ。今《いま》でも多《おお》くのファンに愛《あい》されつづけている。

「オーナー、ついにボーイの子《こ》がやってくるんですね。」

イグレットのスタッフも楽《たの》しみにしていた。というのも、以前《いぜん》から、

「いつかはトウショウボーイの子《こ》どもをひきとれたらいいね。」

と話《はな》していたからだ。

フェノマは、レースを引退《いんたい》したあとトウショウ牧場《ぼくじょう》でくらしていた。若《わか》い馬《うま》たちのトレーニングの相手《あいて》をしていたが、肩《かた》をいためてそれができなくなったため、場長《じょうちょう》さんから『フォスターホースに……。』と相談《そうだん》された。

一九九九年《ねん》九月《がつ》、フェノマが到着《とうちゃく》する日《ひ》がやってきた。イグレットに馬運車《ばうんしゃ》が入《はい》ってくる。

とびらが開《ひら》いてすがたを見《み》せたフェノマに、スタッフたちの期待《きたい》のまなざしがそそがれる。ひたいにチョコンと入《はい》っている、白《しろ》いハートマークのもようがかわいらしい。

そのりりしい立《た》ちすがたを見《み》て、

「お～、やっぱりかっこいいですね。」

スタッフから声《こえ》があがる。しかし、馬房《ばぼう》につれていこうとすると、言《い》うことをきかず、歩《ある》こうとしない。何人《なんにん》かでおさえながら、なんとかつれていく。

ほかの馬《うま》たちも『なんだ、なんだ？』『どうしたの？』というように、馬房《ばぼう》から首《くび》をのばして、フェノマのほうをのぞきこんでいる。

「オーナー！　フェノマはほんとうに人《ひと》を乗《の》っけてたんですか⁉」

そう言《い》って、スタッフがなげく。

「乗《の》せてたわよ、レースに出《で》てたんだし。」

「えーっ、あんなにあばれるのに⁉　むりじゃないですか、あれじゃ……。」

「気《き》の強《つよ》さが、レースのときはいい方向《ほうこう》に出《で》たんじゃないの？」

そんなふうに言《い》ってみたけれど、けられそうになったとか、かまれそうになったと聞《き》くたびに、フェノマもスタッフもけがをするのではないかと心配《しんぱい》した。

フェノマは、とにかくだれかが自分《じぶん》に近《ちか》づくのをいやがった。人間《にんげん》であろうと、犬《いぬ》や猫《ねこ》であろうと関係《かんけい》ない。

到着《とうちゃく》してから毎日《まいにち》のように、なんどもいななくフェノマの声《こえ》が厩舎《きゅうしゃ》から聞《き》こえる。ようすを見《み》にいくと、いつも二人《ふたり》がかりでフェノマと取《と》っくみあっている。

厩舎《きゅうしゃ》に人《ひと》が入《はい》ってくるだけで、馬房《ばぼう》のかべをドーンとけって大《おお》きな音《おと》を出《だ》す。そうやって、おどかすのだ。

『入《はい》ってくるな！　ぼくに近《ちか》づくな！』

フェノマは、全身《ぜんしん》でそうさけんでいるようだった。

とがった目《め》をして、馬《うま》が警戒《けいかい》するときにする、耳《みみ》を大《おお》きく後《うし》ろにたおすしぐさで、強《つよ》く拒絶《きょぜつ》している。

フェノマのそんなようすを見《み》たわたしたちは、せかさず気長《きなが》にトレーニングしていくことにした。

それでもひと月《つき》ほどして、担当《たんとう》のスタッフが言《い》った。

「やっと少《すこ》し、この場所《ばしょ》になれてきた感《かん》じがします。」

「ほんとう？　わたしも行《い》ってみよう。」

ゆっくりとフェノマの馬房《ばぼう》をのぞきにいく。だけど、わたしの気配《けはい》を感《かん》じたとたん、ドンドン！　とかべをける音《おと》がする。

「もう……。そんなに毛《け》ぎらいすることないじゃない。」

まだまだ、先《さき》は長《なが》そうだ。わたしは苦笑《にがわら》いした。


それから約《やく》一年《ねん》がたったころ、フェノマが馬房《ばぼう》であばれ、鼻《はな》の先《さき》をなにかにひっかけて、皮膚《ひふ》がはがれてしまうけがをした。そのけがのせいで鼻《はな》が通《とお》りにくくなってしまった。鼻《はな》は、よく動《うご》かす場所《ばしょ》なので、通《とお》りをよくする手術《しゅじゅつ》を行《おこな》うことになった。

手術《しゅじゅつ》は二〇〇〇年《ねん》十一月《がつ》に行《おこな》われた。無事《ぶじ》に成功《せいこう》したが、完治《かんち》するまで毎日鼻《まいにちはな》を消毒《しょうどく》しなければいけない。

「フェノマがおとなしく消毒《しょうどく》をさせますかね？」

「いやー、むずかしいんじゃないですか。しみるだろうし……。」

スタッフたちも心配《しんぱい》そうだ。どういうふうにやるにしても、フェノマに接近《せっきん》するしかない。フェノマがすごくいやがるのは目《め》に見《み》えていた。

最初《さいしょ》の消毒《しょうどく》の日《ひ》。なにかあっても対応《たいおう》できるように、複数人《ふくすうにん》のスタッフが見守《みまも》る。

するとフェノマは、初《はじ》めいやがるそぶりを見《み》せたものの、その後《ご》はじっとたえている。

「おおーっ、フェノマ、すごいじゃない！」

思《おも》わず、みんなが小《ちい》さく拍手《はくしゅ》する。

消毒《しょうどく》が終《お》わったとたん、フェノマはいつもどおり耳《みみ》を後《うし》ろにたおして『早《はや》く、あっちに行《い》ってよ。』というように、顔《かお》をブンブンとふる。

その後《ご》も毎日《まいにち》あばれることなく、おとなしく消毒《しょうどく》させてくれた。

「きずもいたくなくなっていくから、消毒《しょうどく》はこわいことじゃないってわかってきたのかもしれません。」

スタッフがうれしそうに言《い》う。この一件《いっけん》で、フェノマとわたしたちの距離《きょり》は少《すこ》し近《ちか》づいた。


年《とし》が明《あ》けて、二〇〇一年《ねん》になった。

フェノマは乗馬《じょうば》のトレーニングに入《はい》り、毎日練習《まいにちれんしゅう》している。

「まだ乗《の》るのがこわいですよ。ぜんぜん言《い》うことをきかないんです。とつぜん走《はし》りだすこともあるし……。こっちの指示《しじ》は聞《き》こえているのに無視《むし》、ですからね。」

スタッフがなげく。放牧《ほうぼく》などで自由《じゆう》に動《うご》けるときは、自分《じぶん》の意思《いし》でどんどん進《すす》むのに、人《ひと》に指示《しじ》されてトレーニングするときは、いやそうにするのだ。

それでも、スタッフたちが少《すこ》しずつコミュニケーションをとれるようになっていくなか、なぜかわたしは、フェノマにずっとさけられている気《き》がしていた。

「フェノマ〜。たまには、こっちにおいでよ。」

牧草地《ぼくそうち》に放《はな》されているときによんでみるが、知《し》らん顔《かお》。そばによっていくと、さっとはなれていく。

「もう、がんこなんだから。」

フェノマは、けっしてあまえない馬《うま》だった。人《ひと》にたよらず、一人《ひとり》でビシッと立《た》っている、そんな印象《いんしょう》がある。

生《う》まれて四か月《げつ》のときに、父《ちち》トウショウボーイが亡《な》くなった。だから、フェノマがデビュー戦《せん》とつぎのレースで二連勝《れんしょう》したときは、〝天馬《てんま》〟とよばれた父《ちち》の血《ち》を受《う》けついで、父《ちち》のような名馬《めいば》になるのでは？　と期待《きたい》された。

でも、そのあと勝《か》てないまま、脚《あし》をいためて引退《いんたい》することになってしまった。勝《か》てなくなっていったとき、フェノマはどういう気持《きも》ちだったんだろう。くやしかったのだろうか。みんなの期待《きたい》がプレッシャーだったのだろうか。

そもそも、フェノマはどうして、こんなふうに人《ひと》をこばむようになったんだろう。なにか、すごくいやなことでもされたのだろうか。

それとも、なにかこわい思《おも》いをしたのだろうか……？

わたしは放牧地《ほうぼくち》の草《くさ》を食《た》べるフェノマを、じっと見《み》つめた。

そのフェノマのそばで、犬《いぬ》のブーディが遊《あそ》ぼうよというように、グルグルと走《はし》りまわる。フェノマは迷惑《めいわく》そうな顔《かお》で、ブルン！　と鼻《はな》を鳴《な》らし、首《くび》をふってブーディを追《お》いはらっている。

『あっちに行《い》け！　ぼくに近《ちか》づくな。』

いつもそうやって人《ひと》も動物《どうぶつ》も追《お》いはらうフェノマ。

こばんでいるように見《み》えるけれど、もしかしたらフェノマはこわがっているだけなのかもしれない。

ほんとうは不安《ふあん》なのではないだろうか。

こわいからはねつけ、不安《ふあん》だからこばむのかもしれない。

そう思《おも》ったら、遠《とお》くの高校《こうこう》に進学《しんがく》すると決《き》めたとき、冷《つめ》たい目《め》でわたしに言《い》い放《はな》った次《じ》女《じょ》のすがたが、ふいによみがえった。

『マミーは、わたしなんて、いないほうがいいんでしょ！』

おどすフェノマのように、とがった目《め》。

近《ちか》づくなとこばみ、心《こころ》をとざしていた。話《はなし》をしようとしても、反発《はんぱつ》して言《い》いあらそいになるか、無視《むし》してどこかへ行《い》ってしまう。

和馬《かずま》さん亡《な》きあと、イグレットの経営《けいえい》と馬《うま》やスタッフ、そして子《こ》どもたちの世話《せわ》が一気《いっき》におしよせてきた。

それでも、『わたしはしっかりやれている。和馬《かずま》さんがいなくなっても、なんの問題《もんだい》もない。』そう思《おも》いたかったし、そう見《み》せたかった。

だから、子《こ》どもたちにも、

『しっかりして。わたしの言《い》うとおりにしていればいいの。』

と言《い》いつづけた。

だけど、次女《じじょ》は言《い》うことをきかない。そんな次女《じじょ》を相手《あいて》に、どうしていいかわからなかった。だから、『遠《とお》くの高校《こうこう》に入《はい》りたい。』と言《い》ってきたとき、心《こころ》なしかホッとした気持《きも》ちになった。これで向《む》きあわなくてすむと、正直《しょうじき》、そう思《おも》ったのだ。

あのとき、次女《じじょ》はどんな気持《きも》ちであんなことを言《い》ったのだろう。

もしかしたら不安《ふあん》だったのではないだろうか。

父親《ちちおや》を亡《な》くし、母親《ははおや》は仕事《しごと》がいそがしいことを理由《りゆう》にして、自分《じぶん》の気持《きも》ちをわかろうとしてくれない。口《くち》を開《ひら》けば、小言《こごと》ばかり言《い》ってくる。

次女《じじょ》だけじゃない。長女《ちょうじょ》や長男《ちょうなん》とだって、気持《きも》ちのやりとりがじゅうぶんにできてきたとは言《い》えなかった。

「それじゃあ不安《ふあん》になるよ。言《い》うことなんてきけない。子《こ》どもたちは、ずっとさみしかったんだ……。」

そうつぶやいたとたん、なみだがにじんだ。こんなあたりまえのことに、どうして気《き》づかなかったんだろう。

やりきれない思《おも》いで、牧草地《ぼくそうち》の柵《さく》にもたれかかった。大《おお》きく息《いき》をつく。

牧草地《ぼくそうち》ではフェノマが、まわりを警戒《けいかい》してあちらこちらに視線《しせん》を向《む》けている。

わたしは柵《さく》から体《からだ》を起《お》こし、フェノマに近《ちか》づいていく。

フェノマの前《まえ》で足《あし》を止《と》めると、フェノマはじっとわたしを見《み》つめる。その表情《ひょうじょう》はかすかにおびえているようだった。

わたしは、ゆっくりとフェノマの首《くび》をなでる。

「不安《ふあん》だったんだよね。さみしかったんだよね。気《き》づいてあげられなくて、ごめんね。」

そう声《こえ》をかけると、フェノマの表情《ひょうじょう》がやわらいでくる。じっとフェノマの目《め》を見《み》ていると、いきなり口《くち》でわたしの肩《かた》をツンツンとつついてきた。

「わあああ。フェノマ、いい子《こ》ね。いい子《こ》よ、フェノマ。」

思《おも》わず声《こえ》をあげる。気持《きも》ちって通《つう》じるんだ……。

フェノマは、まんまるな目《め》でわたしをじっと見《み》ている。

「フェノマ、もうだいじょうぶ。これからはここのみんなが、おまえを守《まも》るから。どんなことがあっても守《まも》るからね。」

わたしはそっと声《こえ》をかけた。フェノマはゆっくりとまばたきをする。

「レッスンだって、フェノマのペースでいいんだよ。ゆっくりでだいじょうぶだから。」

フェノマの脚《あし》もとでは、犬《いぬ》のブーディが一生懸命《いっしょうけんめい》ジャンプしている。

すると、フェノマがそのまま、わたしのそばで草《くさ》を食《た》べはじめた。警戒《けいかい》するのをやめてくれたのだ。ブーディがその横《よこ》でごろんとねころがる。

わたしとフェノマの間《あいだ》に、ゆるやかな時間《じかん》が流《なが》れていく。馬場《ばば》にふく風《かぜ》に、春《はる》のかおりがまじっていた。


フェノマにあやまったように、次女《じじょ》にも話《はな》したいと思《おも》うけれど、次女《じじょ》は高校《こうこう》を卒業《そつぎょう》しても家《いえ》にもどってこないままだ。

和馬《かずま》さんが亡《な》くなったとき、まだ小《ちい》さかった次女《じじょ》とは、あまりにコミュニケーションができていなかった。そのツケが今《いま》きているのだ。

人間同士《にんげんどうし》はむずかしい。たとえ親子《おやこ》でも。だけど、あせらず、ゆっくり、ゆっくり進《すす》んでいこう。子《こ》どもたちには、子《こ》どもたちの気持《きも》ちがあるのだから。

その後《ご》、フェノマとハリマブライトの乗馬《じょうば》のトレーニングは続《つづ》き、ついに二〇〇一年《ねん》九月《がつ》のフォスターペアレントの集《つど》いで、会員《かいいん》さんを乗《の》せることになった。

当日《とうじつ》、まず担当《たんとう》スタッフが馬《うま》の横《よこ》に立《た》って、日《ひ》ごろのようすを会員《かいいん》さんに話《はな》していく。

「フェノマは長《なが》い間《あいだ》、『ぼくに近《ちか》づくな。』って強《つよ》く拒絶《きょぜつ》してたんですよ。でも、だんだんと人間《にんげん》はこわくないんだってわかってきて、ついにこうしてみなさんを乗《の》せられるようになりました。」

会員《かいいん》さんたちが、笑顔《えがお》でフェノマに拍手《はくしゅ》を送《おく》る。すまし顔《がお》で立《た》っていたフェノマはてれくさいのか、ひょいとそっぽを向《む》いた。

「それにフェノマはそうやって強《つよ》がるくせに、じつはビビり屋《や》なんです。風《かぜ》にゆれるタオルやビニールぶくろが見《み》えると、ビクッとなって固《かた》まるし、小《ちい》さい犬《いぬ》や猫相手《ねこあいて》に、ひざをふるわせて、おろおろするんですよ。」

「えー、そうなんだ、フェノマったらかわいい〜。」

現在《げんざい》は、「フォスターホースと過《す》ごす日《ひ》」という名称《めいしょう》でふれあいイベントがつづけられている。写真《しゃしん》はハリマブライト。ブラシをかけてもらって、気持《きも》ちよさそう。（2016年《ねん》）

「フォスターホースと過《す》ごす日《ひ》」の体験乗馬《たいけんじょうば》。向《む》かって左《ひだり》がハリマブライト、右《みぎ》は新《あたら》しい仕事《しごと》につくため調教中《ちょうきょうちゅう》だったカエラチャン。（2015年《ねん》）

おどろいたみなさんの視線《しせん》がフェノマに集《あつ》まる。

同《おな》じように、グラールやハリマのエピソードも紹介《しょうかい》されて、そのたびに笑《わら》い声《ごえ》がひびき、なごやかなふんいきになった。

いよいよ乗馬体験《じょうばたいけん》の時間《じかん》になる。お仕事《しごと》モードになった三頭《とう》が、順番《じゅんばん》に馬場《ばば》に出《で》てくる。

先輩《せんぱい》のグラールストーンは、だれが乗《の》っても安心《あんしん》できる馬《うま》になっていて、ハリマたちの前《まえ》をさっそうと歩《ある》いていく。

人数《にんずう》や時間《じかん》の都合《つごう》もあって全員《ぜんいん》が乗《の》ることはできないが、乗馬体験《じょうばたいけん》しない人《ひと》たちも、みんな笑顔《えがお》だった。

終了後《しゅうりょうご》にフェノマのようすを見《み》にいく。近《ちか》づくと、一瞬《いっしゅん》だけ警戒《けいかい》した態度《たいど》をとる。

「フェノマ、きょうはがんばったねえ。よくやったじゃない。」

声《こえ》をかけると、フェノマは顔《かお》を近《ちか》づけてくる。そばでフェノマの体《からだ》をあらっていたスタッフも笑顔《えがお》になった。

「がんばりましたよね。フェノマのあらたな一面《いちめん》が開花《かいか》したなって思《おも》うと、わたしもうれしいです。」

「トレーニングのとき、どんな工夫《くふう》をしてるの？」

「そうですね、できないところをしかるんじゃなくて、フェノマのいいところや、フェノマらしいところを見《み》つけてほめてあげようと思《おも》ってます。」

「フェノマらしいところ、ね……。」

そうだ。和馬《かずま》さんも言《い》っていたではないか。

『人《ひと》と馬《うま》はパートナーなんだ。人間《にんげん》のほうがえらくて、命令《めいれい》する立場《たちば》じゃない。かくしているつもりでも、馬《うま》にはこっちの気持《きも》ちがぜんぶ伝《つた》わっちゃうんだよ。』

『ダメな馬《うま》なんていない。どんな馬《うま》だって、それぞれに能力《のうりょく》があるんだよ。』

そして、人間《にんげん》も動物《どうぶつ》も同《おな》じなんだよ、と。

馬《うま》に対《たい》しては、いるだけでいいんだよという気持《きも》ちになるのに、どうして自分《じぶん》の子《こ》どもには、そう思《おも》えなかったんだろう。

一人《ひとり》ひとりちがう個性《こせい》があって、きっとそれぞれに可能性《かのうせい》があるんだ。

だれもがフェノマのように、新《あたら》しい一面《いちめん》が開《ひら》けるはずだ。

人《ひと》も動物《どうぶつ》も、ダメな子《こ》なんていない。どの子《こ》もぜんぶが、かけがえのない存在《そんざい》。

スタッフや子《こ》どもたちと、もっと話《はな》そう。気持《きも》ちを聞《き》いてみよう。

一人《ひとり》ひとりと、一頭一頭《いっとういっとう》と、たいせつに出会《であ》いたい。

わたしは、ほこらしそうに立《た》っているフェノマを見《み》ながら、あらたな決意《けつい》をしていた。

9 さよなら

不安《ふあん》なようすのフェノマを見《み》たことで、初《はじ》めて気《き》づいた次女《じじょ》の気持《きも》ち。

それからは、子《こ》どもたちにも、スタッフにも気持《きも》ちを向《む》け、顔《かお》を合《あ》わせる機会《きかい》を作《つく》るようにした。

次女《じじょ》には自分《じぶん》かられんらくをとった。会話《かいわ》はたいして続《つづ》かない。それでも、おしつけるようなことを言《い》わないように気《き》をつけながら、話《はなし》を聞《き》くことにてっした。

あせらずにいこう。いつか次女《じじょ》ともわかりあえるときが来《く》る。しぜんとそう思《おも》えるようになっていた。

フェノマのあと、フォスターホースもふやしてきたけれど、それだけでは助《たす》けられる馬《うま》

の数《かず》はあまりに少《すく》ない。

馬《うま》を助《たす》けたい、と言《い》っていながら、これしかできていない……。歯《は》がゆさがつのる。

一方《いっぽう》で、フォスターホースにしてほしいという要望《ようぼう》や問《と》い合《あ》わせはふえていた。

そこで、二〇〇五年《ねん》からは、馬《うま》をひきとってくれる牧場《ぼくじょう》と、その馬《うま》のために資金《しきん》を出《だ》してくれる人《ひと》をつなぐ仕事《しごと》も始《はじ》めた。

また、数《すう》か月《げつ》、アメリカで乗馬《じょうば》のことを学《まな》んできた長男《ちょうなん》が帰国《きこく》して、イグレットを積極的《せっきょくてき》に手伝《てつだ》うようになった。

「馬《うま》がレッスンに集中《しゅうちゅう》できるように、ストレスをためない工夫《くふう》ができないかなあ。」

長男《ちょうなん》が相談《そうだん》してくる。

「たしかにストレスがたまると、とつぜん走《はし》りだしたりしてあぶないよね。会員《かいいん》さんが、けがしないためにも、どうしたらいいだろう。」

かぎられた広《ひろ》さと人数《にんずう》で、どれだけできるかはわからない。

だけど、たとえ世話《せわ》をする手間《てま》がかかっても、もともとの馬《うま》の習性《しゅうせい》に近《ちか》い状態《じょうたい》になるように運動《うんどう》やエサを変《か》えよう、とわたしたちは決《き》めた。

馬《うま》はすごく長《なが》い腸《ちょう》を持《も》っている。しかも固定《こてい》されていないから、あまり運動《うんどう》しなかったり、一度《いちど》にたくさん食《た》べたりすると、おなかがいたくなりやすい。

そこで長男《ちょうなん》のアイデアで、雨《あめ》でも運動《うんどう》できるように馬用《うまよう》のウォーキングマシンを購入《こうにゅう》。エサも自然《しぜん》のかたちに近《ちか》いほし草《くさ》を選《えら》ぶなど、今《いま》もいろいろとためしているところだ。

馬《うま》とわたしたちは、おたがいがパートナー。その気持《きも》ちで、どうすることが馬《うま》にとっていいことか、これからも考《かんが》えつづけていきたい。


二〇〇八年《ねん》七月《がつ》に新聞社《しんぶんしゃ》から、取材《しゅざい》したいとれんらくが入《はい》った。引退《いんたい》した馬《うま》をすくう活《かつ》動《どう》について話《はなし》を聞《き》きたいという。

このとき、いっしょに写真《しゃしん》におさまった馬《うま》はフェノマだ。フェノマは、もともと肩《かた》や腰《こし》が強《つよ》くなかったから、人《ひと》を乗《の》せる仕事《しごと》を早《はや》めに引退《いんたい》した。

イベントでは会員《かいいん》さんから、ニンジンやリンゴなどをもらうのが仕事《しごと》。そのとき、写真《しゃしん》をとられることが多《おお》くなり、いつのまにか撮影《さつえい》が好《す》きな馬《うま》になっていた。

記事《きじ》には、活動内容《かつどうないよう》だけでなく、フォスターペアレントの会《かい》を立《た》ちあげた経緯《けいい》なども書《か》かれ、わたしのそばでフェノマが草《くさ》を食《た》べている写真《しゃしん》がのせられた。

この記事《きじ》によって、会《かい》に大《おお》きな変化《へんか》が生《う》まれることになる。

会員《かいいん》になりたいという電話《でんわ》が殺到《さっとう》したのだ。

「新聞《しんぶん》を見《み》て、わたしも馬《うま》を助《たす》けたいんですけど、どうしたらいいですか。」

「とてもはげまされました。入会《にゅうかい》させてください。」

このとき、千葉《ちば》の本部《ほんぶ》で電話《でんわ》の対応《たいおう》ができるのは、わたしだけ。手《て》がまわらない。

加藤《かとう》さんが結婚《けっこん》して北海道《ほっかいどう》にひっこしたから、北海道《ほっかいどう》に支部《しぶ》を作《つく》ったけれど、そこは加《か》藤《とう》さんしかいないから、入会手続《にゅうかいてつづ》きで手《て》いっぱいだ。

イグレットのスタッフに応援《おうえん》をたのむほどの反響《はんきょう》で、うれしい悲鳴《ひめい》をあげた。

いつもの倍《ばい》のスピードで会員《かいいん》がふえていく。

わたしは入会《にゅうかい》の電話《でんわ》を受《う》けながら、今《いま》までにない、大《おお》きなうねりのようなものを感《かん》じていた。加藤《かとう》さんからも相談《そうだん》される。

「こんなにたくさんの会員《かいいん》さんをささえるのに、わたしたちだけじゃむりですよね。」

「そうだね。急《いそ》いでNPO法人《エヌピーオーほうじん》の申請《しんせい》をしよう。」

NPO《エヌピーオー》とは民間《みんかん》で、国《くに》や社会《しゃかい》の利益《りえき》になるサービスを提供《ていきょう》する、お金《かね》もうけを目的《もくてき》としない団体《だんたい》のこと。

NPO法人《エヌピーオーほうじん》（特定非営利活動法人《とくていひえいりかつどうほうじん》）になれば、社会的《しゃかいてき》に信用《しんよう》を得《え》やすくなるし、職員《しょくいん》をやとったり、活動《かつどう》の幅《はば》を広《ひろ》げたりすることができる。

フォスターペアレントの会《かい》を立《た》ちあげてから、気《き》づけば十年以上《ねんいじょう》がたっていた。

会員《かいいん》さんも、馬《うま》に会《あ》いになんども牧場《ぼくじょう》に通《かよ》うなど、熱心《ねっしん》な人《ひと》がふえた。わたしは何人《なんにん》かに声《こえ》をかけて、NPO法人設立《エヌピーオーほうじんせつりつ》に向《む》けた準備会《じゅんびかい》を手伝《てつだ》ってもらうことにした。

そして約《やく》二年後《ねんご》の二〇一一年《ねん》一月《がつ》十九日《にち》。「イグレット軽種馬《けいしゅば》フォスターペアレントの会《かい》」はNPO法人《エヌピーオーほうじん》の認証《にんしょう》を受《う》けた。

名称《めいしょう》もわかりやすいように、「NPO法人引退馬協会《エヌピーオーほうじんいんたいばきょうかい》」に変《か》えた。

国《くに》に法人《ほうじん》の登録《とうろく》をする手続《てつづ》きが完了《かんりょう》すれば、晴《は》れてNPO法人《エヌピーオーほうじん》になれる！

ホッと一息《ひといき》ついていたわたしのところに、スタッフが走《はし》ってきた。

「オーナー、グラールストーンの具合《ぐあい》がよくありません。」

「えっ、どうしたの。」

急《いそ》いで馬房《ばぼう》に行《い》く。

馬房《ばぼう》では、グラールはおなかがいたそうなようすで苦《くる》しんでいる。すぐ獣医《じゅうい》さんにれんらくし、いたみ止《ど》めの注射《ちゅうしゃ》を打《う》つ。

少《すこ》したつと落《お》ち着《つ》いてきて、表情《ひょうじょう》もおだやかになった。グラールは、わたしの顔《かお》に鼻《はな》を近《ちか》づけてくる。

「よかった。とりあえず、だいじょうぶそうだね。」

しかしつぎの日《ひ》の朝《あさ》、またいたがりだした。馬房《ばぼう》をグルグルとまわったり、かべに体《からだ》をあてたりとあばれてしまう。

いつもいっしょに放牧《ほうぼく》に出《で》ている金髪《きんぱつ》の馬《うま》のジェニーが、なんどもいなないてはげましている。ビーグル犬《けん》のリボンと雑種犬《ざっしゅけん》のメリーも心配《しんぱい》そうにグラールを見《み》つめたり、うろうろと歩《ある》いて落《お》ち着《つ》かない。

かけつけた獣医《じゅうい》さんは、グラールを診察《しんさつ》すると、わたしを見《み》て言《い》った。

「腸捻転《ちょうねんてん》です。すぐに手術《しゅじゅつ》しないといけません。」

「えっ、腸捻転《ちょうねんてん》……！」

腸捻転《ちょうねんてん》とは、腸《ちょう》がおなかの中《なか》でねじれてしまう病気《びょうき》だ。ねじれてしまうと、その部分《ぶぶん》に血《ち》が流《なが》れなくなって、くさっていってしまう。

グラールはすぐに、茨城県《いばらきけん》の美浦《みほ》トレーニングセンターの診療所《しんりょうじょ》につれていくことになった。わたしは長男《ちょうなん》といっしょに車《くるま》にとびのり、その後《うし》ろを追《お》いかけていく。

「がんばれ、グラール！　ぜったいだいじょうぶだから。」

車《くるま》の中《なか》から、グラールに向《む》けて声《こえ》をかけつづける。

診療所《しんりょうじょ》に到着《とうちゃく》すると、獣医《じゅうい》さんが五、六人立《にんた》ちあって、すぐに手術《しゅじゅつ》が始《はじ》まった。わたしは長男《ちょうなん》と手術《しゅじゅつ》の成功《せいこう》をいのりながら、待《ま》ちつづけた。

とちゅう、なんども加藤《かとう》さんかられんらくが入《はい》る。グラールのようすは、フォスターペアレントの会《かい》のホームページで発信《はっしん》してもらっていた。

三時間《じかん》ぐらいたったころ、獣医《じゅうい》さんたちが出《で》てきた。その顔《かお》は暗《くら》い。

まさか……！

「腸《ちょう》の状態《じょうたい》が思《おも》ったより悪《わる》くて、これ以上手術《いじょうしゅじゅつ》を続《つづ》けられません。グラールもがんばっていたのですが……。残念《ざんねん》です。」

獣医《じゅうい》さんが肩《かた》を落《お》として、申《もう》し訳《わけ》なさそうに頭《あたま》を下《さ》げる。

「そうですか……、わかりました。しかたがありません。」

グラールはおなかをとじたあとに、安楽死《あんらくし》の処置《しょち》をせざるをえなくなった。

しかたがない、しかたがないんだ。

わたしは必死《ひっし》に自分《じぶん》に言《い》いきかせた。どんなに大事《だいじ》な馬《うま》であっても、かつやくした馬《うま》であっても、病気《びょうき》が運命《うんめい》を決《き》めるときがある。

馬《うま》は長時間《ちょうじかん》、横《よこ》になっていられない。五百キロ前後《ぜんご》もある体《からだ》の重《おも》さで内臓《ないぞう》がおされ、いたんできてしまうからだ。自分《じぶん》で立《た》つことができなければ、そのまま苦《くる》しみながら死《し》んでいく。

苦《くる》しむことがわかりきっているのに生《い》かしておくことは、グラールにとってつらいだけだ。安楽死《あんらくし》の選択《せんたく》はやむをえなかった。

「グラール……。」

長男《ちょうなん》もくちびるをかみしめる。長男《ちょうなん》はイグレットを手伝《てつだ》ってくれるようになってから、よくグラールの背中《せなか》に乗《の》っていた。

わたしは長男《ちょうなん》の肩《かた》にそっと手《て》を置《お》いた。

わたしたちは、亡《な》くなったグラールとともに、イグレットにもどった。スタッフたちはもちろん、馬《うま》や犬《いぬ》たちもグラールを出《で》むかえる。馬《うま》たちのいななく声《こえ》がひびく。リボンやメリーも、グラールのそばを歩《ある》きまわる。

グラールストーンは、馬場《ばば》のそばにシートをしいて横《よこ》たえられた。

きょうは二〇一一年《ねん》二月《がつ》五日《いつか》。グラールは、二十二歳《さい》になっていた。

「がんばったね、グラール……。」

スタッフが声《こえ》をかけながら、なみだを流《なが》している。

悲《かな》しみがイグレット全体《ぜんたい》に広《ひろ》がっていく。

夜《よる》になって、ようやく落《お》ち着《つ》いた時間《じかん》を持《も》つことができたわたしは、グラールのところに向《む》かった。犬《いぬ》のリボンがわたしについてくる。

「グラちゃん……。」

横《よこ》たわっているグラールにそっと声《こえ》をかけ、そっとひたいをなでる。まさか、こんなにあっけなくいなくなってしまうなんて。

イグレットに到着《とうちゃく》したとき、『これからよろしくね。』と言《い》ったのが、ついこの前《まえ》のようだ。

クリクリとした丸《まる》い目《め》。大《おお》きくて安心《あんしん》できる背中《せなか》。人《ひと》なつこく、やさしい馬《うま》だった。出会《であ》って十三年《ねん》。まだまだ、これからもずっといっしょにいられると信《しん》じていた。

あのとき、ただの腹痛《ふくつう》じゃないかもしれないと予測《よそく》できていたら……。

そしたら、生《い》きてここに帰《かえ》ってこられたはずだ。

「ごめんね、グラちゃん……。わたしがもっと気《き》をつけていたら、こんなことにはならなかったよね……。」

どうして、いつだって、あとにならないと気《き》づけないいんだろう。わたしはなんて、にぶいんだろう。なみだがあふれてくる。

グラールの大《おお》きな目《め》が、ふいにまた開《ひら》くような気《き》がして、わたしはなんどもその鼻《はな》すじをなでつづけた。

するとそばにいたリボンが、わたしの手《て》をペロペロとなめてくる。

「心配《しんぱい》してくれてるの？　おまえだって悲《かな》しいだろうに、ありがとうね……。」

リボンはグラールと仲良《なかよ》しで、よくそばにねそべっていた。グラールは人間《にんげん》だけじゃなく、犬《いぬ》や猫《ねこ》とも仲良《なかよ》しだった。

明日《あす》は、里親《さとおや》さんたちがお別《わか》れにやってくる。

「しっかりしないと。わたしがメソメソしているわけにいかないよね。」

わたしはなみだをふいた。

「おやすみ、グラちゃん……。」

横《よこ》たわるグラールのほおをもう一度《いちど》なで、わたしは立《た》ちあがった。

翌日《よくじつ》は、午前中《ごぜんちゅう》からたくさんの人《ひと》がお別《わか》れにやってきてくださった。

「グラちゃん、今《いま》までありがとう。」

「初《はじ》めて乗《の》せてもらったのがグラちゃんだよ。グラちゃんのおかげで、馬《うま》が大好《だいす》きになったの。これからも見守《みまも》っててね。」

フォスターペアレントのみなさんが口々《くちぐち》に語《かた》りかける。

グラールのまわりには、色《いろ》とりどりの花《はな》や、ニンジンやリンゴがつぎつぎと置《お》かれていく。どの里親《さとおや》さんも、なごりおしそうにグラールのそばにたたずんでいた。

夜《よる》になると雨《あめ》がふりだした。まるで、みんなのなみだのようだ。イグレットには、いつもより静《しず》かな時間《じかん》が流《なが》れた。

夜《よる》があけて、二月七日《がつなのか》になった。雨《あめ》は上《あ》がり、日差《ひざ》しがさしこむ。

午前中《ごぜんちゅう》に、グラールを運《はこ》ぶトラックが入《はい》ってくる。

これでお別《わか》れだ……。さようなら、グラちゃん……。

わたしはグラールを乗《の》せて走《はし》りさっていくトラックを、いつまでも見送《みおく》った。

その日《ひ》の午後《ごご》のことだ。

わたしのもとに、NPO《エヌピーオー》法人《ほうじん》の登録手続《とうろくてつづ》きがすべて完了《かんりょう》したという連絡《れんらく》が入《はい》った。

「ほんとうですか！　よかった……。」

これで、ようやく正式《せいしき》にNPO《エヌピーオー》法人《ほうじん》としてスタートできる！

NPO《エヌピーオー》法人《ほうじん》になる準備《じゅんび》を始《はじ》めてから約《やく》二年《ねん》。とにかく時間《じかん》がかかった。

わたしは、すぐに加藤《かとう》さんや、設立準備《せつりつじゅんび》を手伝《てつだ》ってくれた会員《かいいん》さんに報告《ほうこく》して、喜《よろこ》びをわかちあった。

「グラちゃんが、この日《ひ》を待《ま》ってくれていたんですね。」

加藤《かとう》さんが、ポツリとつぶやく。

「そうだねえ。ほんとうにそのとおりだね。」

正式《せいしき》にNPO《エヌピーオー》法人《ほうじん》になれたこの日《ひ》を待《ま》つように、旅立《たびだ》っていったグラールストーン。

フォスターペアレントの会《かい》の始《はじ》まりから、NPO《エヌピーオー》化《か》という大《おお》きな変化《へんか》の瞬間《しゅんかん》まで、まさに命《いのち》をかけて、いっしょに道《みち》を切《き》りひらいてくれたたいせつなパートナー。

ほんとうに、来《く》るべくしてここに来《き》た、約束《やくそく》の馬《うま》だったんだ……。

「グラちゃん、ありがとう……。わたし、がんばるよ。これからはもっとたくさんの馬《うま》を助《たす》けていく。そのために全力《ぜんりょく》をつくすからね！」

わたしは心《こころ》の中《なか》で、グラールにちかった。

このときのわたしは、一か月後《げつご》にあの日《ひ》がやってくるとは、まるで予想《よそう》していなかった。

10 2011・3・11

ガタガタッ！　とつぜん、自宅《じたく》のリビングが大《おお》きくゆれた。

「地震《じしん》だっ！」

わたしは、とっさにテーブルにつかまり、まわりを見《み》てようすをうかがう。また、大《おお》きくゆれる。さっきより大《おお》きくなってる！

これはあぶない！　かべやドアにつかまりながら、はうようにして家《いえ》の外《そと》へ飛《と》びだし、目《め》の前《まえ》の牧草地《ぼくそうち》に急《いそ》ぐ。スタッフたちもクラブハウスや厩舎《きゅうしゃ》から出《で》てきた。

「こっち、こっち！　あぶないから、こっちに来《き》たほうがいいよ。」

わたしは大《おお》きく手《て》をふって、スタッフたちをよぶ。ひさしぶりに帰《かえ》った次女《じじょ》もいる。

「この地震《じしん》、めちゃくちゃ大《おお》きいですよ！」

スタッフの顔《かお》がこわばっている。

みんなで手《て》をとりあい、おそるおそるまわりを見《み》まわすと、立《た》ちならぶ木々《きぎ》が、ぐらりぐらりと大《おお》きくゆれている。

こんな大《おお》きな地震《じしん》、初《はじ》めてだ。

「みんな無事《ぶじ》？　けがしてない？　馬《うま》は？　犬《いぬ》は？」

わたしは声《こえ》をかける。スタッフや長男《ちょうなん》や次女《じじょ》も、みんな無事《ぶじ》だった。すぐに馬《うま》たちが放《はな》されているところに向《む》かう。

すると、ダンディーが地震《じしん》にびっくりしてしりもちをついてしまっていた。みんなではげましながら、なんとか立《た》たせる。どうやらけがはしていないようだ。

その間《あいだ》も、なんども余震《よしん》が起《お》こる。

ゆれに気《き》をつけながら、ほかの馬《うま》や動物《どうぶつ》たちも手分《てわ》けして見《み》てまわる。厩舎《きゅうしゃ》にいる馬《うま》たちは興奮《こうふん》してはいたが、けがをしている馬《うま》はいない。

「よかった……。」

ひとまず、ホッとする。ダンディーがけがをしていないかみてもらおうと、獣医《じゅうい》さんに携帯《けいたい》で電話《でんわ》するが、つながらない。

なんどめかでようやくつながり、たのむことができた。ホッとしたのもつかの間《ま》、スタッフが走《はし》ってくる。

「オーナー、停電《ていでん》です。水《みず》も止《と》まってます！」

「うそっ！　たいへんだ、馬《うま》の水《みず》がない！　どこかに水《みず》がないか、さがしてくれる？」

スタッフに指示《しじ》を出《だ》し、わたしは急《いそ》いで自宅《じたく》に向《む》かった。

イグレットのあたりは井戸水《いどみず》を電気《でんき》でくみ上《あ》げているから、停電《ていでん》になると水《みず》が出《で》なくなってしまう。

馬《うま》は一日《いちにち》に二十リットル以上《いじょう》の水《みず》を飲《の》む。電気《でんき》がもどるまでの間《あいだ》、二十頭《とう》以上《いじょう》の馬《うま》の水《みず》が必要《ひつよう》だ。

自宅《じたく》にかけこむと、物《もの》が散乱《さんらん》していた。

「うわーっ、ひどい！」

足《あし》もとに気《き》をつけながら、急《いそ》いで風呂場《ふろば》をのぞく。よかった、湯船《ゆぶね》に水《みず》が入《はい》ってる！

わたしは子《こ》どもたちやスタッフに声《こえ》をかけて、バケツリレーで水《みず》を運《はこ》びだした。

「震源地《しんげんち》、どこかわかる？」

場所《ばしょ》によっては、停電《ていでん》が長引《ながび》くかもしれない。

すると、携帯電話《けいたいでんわ》を見《み》ていたスタッフが大《おお》きな声《こえ》で言《い》った。

「震源地《しんげんち》は東北《とうほく》で、震度《しんど》七だそうです！」

「うそっ、震度《しんど》七!?　東北《とうほく》のどのあたりなの？」

おどろいて、携帯《けいたい》をのぞきにいく。

ここでもあんなにゆれたんだから、東北《とうほく》ではいったいどれほどだったんだろう。想像《そうぞう》もつかない。

二〇一一年《ねん》三月《がつ》十一日《にち》、十四時《じ》四十六分《ぷん》。東日本大震災《ひがしにほんだいしんさい》の発生《はっせい》だった。イグレットがある千葉県香取市《ちばけんかとりし》は、震度《しんど》五弱《じゃく》をしめしている。

「地震《じしん》だけじゃなく、大《おお》きな津波《つなみ》も起《お》きたみたいです！」

「津波《つなみ》!?」

震度《しんど》七……？　津波《つなみ》……？

たいへんなことになっている。スタッフも不安《ふあん》そうな表情《ひょうじょう》だ。

馬《うま》のいななきが聞《き》こえて、ハッとする。いけない！　こんなときこそ、わたしがしっかりしないと。

「実家《じっか》や親戚《しんせき》が東北《とうほく》にいる人《ひと》は、つながらないかもしれないけど、れんらくとってみて。とにかく今《いま》は、うちの馬《うま》たちを守《まも》ろう！　停電《ていでん》の間《あいだ》の水《みず》をなんとかして確保《かくほ》しないと。」

「あそこはどうですか？　近《ちか》くに細《ほそ》い川《かわ》が流《なが》れてますよね？」

「そうだね、見《み》にいこう。」

行《い》ってみると、正直《しょうじき》きれいとは言《い》えない。でも今《いま》は、これを使《つか》うしかない。

余震《よしん》に気《き》をつけながら、軽《けい》トラックでなんども水《みず》を運《はこ》ぶ。なんとか水《みず》は確保《かくほ》できたけれど、電気《でんき》がいつとおるかわからない。

携帯電話《けいたいでんわ》もつながらないままだ。充電《じゅうでん》もできないから、緊急《きんきゅう》のためになるべく使《つか》わないようにするしかない。

馬《うま》のようすを見《み》てまわったり、物《もの》をかたづけているうちに、あっという間《ま》に日《ひ》がくれた。電気《でんき》がないと、こんなに暗《くら》いんだ……。あらためておどろく。

東北《とうほく》の人《ひと》たちはだいじょうぶなのだろうか。引退馬協会《いんたいばきょうかい》の会員《かいいん》さんもおおぜいいる。その日《ひ》、わたしはほとんどねむれなかった。

翌《よく》十二日《にち》の午後《ごご》、ようやく電気《でんき》がとおった。すぐにテレビをつけると、画面《がめん》にうつしだされたのは、目《め》にしたこともない光景《こうけい》だった。

「なに、これ！」

集《あつ》まったスタッフも口《くち》に手《て》をあてて、立《た》ちつくす。

「うそでしょ……。」

大《おお》きく黒《くろ》い波《なみ》が、まるで生《い》き物《もの》のように大地《だいち》をのみこんでいた。にげまどい、泣《な》きさけぶ人々《ひとびと》。さらに火《ひ》の手《て》が燃《も》えひろがっていく。

そして、一人《ひとり》ひとりを必死《ひっし》に助《たす》けだす救助隊《きゅうじょたい》の人《ひと》たちのすがた。

テレビ画面《がめん》に、『福島《ふくしま》の原子力発電所《げんしりょくはつでんしょ》で爆発《ばくはつ》』の文字《もじ》が出《で》ている。

「えーっ、原発事故《げんぱつじこ》ですか！」

東京電力福島第一原子力発電所《とうきょうでんりょくふくしまだいいちげんしりょくはつでんしょ》の一号機《ごうき》が水素爆発《すいそばくはつ》を起《お》こし、半径《はんけい》二十キロ圏内《けんない》の住民《じゅうみん》に避難指示《ひなんしじ》が出《で》ていた。

「たいへんだ……。」

体《からだ》が固《かた》まったまま動《うご》けない。ふいに、わたしの足《あし》がトントンとつつかれた。見《み》ると、犬《いぬ》のリボンが不安《ふあん》そうな目《め》をして、わたしの足《あし》を前脚《まえあし》でかいている。

「だいじょうぶだよ。」

リボンをだきしめ、なんども体《からだ》をなでる。

「住民《じゅうみん》には避難指示《ひなんしじ》が出《で》ています……。」

ニュースの声《こえ》だけがやけに大《おお》きく聞《き》こえる。

会員《かいいん》さんたちは無事《ぶじ》なのだろうか。どんどん心配《しんぱい》になってくる。テレビの画面《がめん》に、飼《か》い犬《いぬ》をだきしめて泣《な》いている人《ひと》がうつった。

そうだ、馬《うま》は……?

東北《とうほく》に、馬《うま》はどれくらいいるんだろう。乗馬《じょうば》クラブや牧場《ぼくじょう》もあるはずだ。地震《じしん》が起《お》こったとき、どうしていたんだろうか。そして今《いま》は……?

わたしは、いたたまれない気持《きも》ちになる。

そのとき、事務所《じむしょ》の電話《でんわ》が鳴《な》った。

「加藤《かとう》です。よかった、つながった！　みなさんも馬《うま》も無事《ぶじ》ですか。」

北海道事務所《ほっかいどうじむしょ》の加藤《かとう》さんからだ。

「ああ、加藤《かとう》さん、みんな、無事《ぶじ》よ。ありがとう。」

すぐに、これからどうするかを相談《そうだん》する。まずは、東北地方《とうほくちほう》の会員《かいいん》さんの無事《ぶじ》を確認《かくにん》することや、会費《かいひ》の引《ひ》き落《お》としを止《と》めることなどを決《き》めた。

その間《かん》も、あちこちで電話《でんわ》が鳴《な》る。どれも、スタッフや馬《うま》を心配《しんぱい》する内容《ないよう》だった。

地震発生《じしんはっせい》から三日後《みっかご》の三月《がつ》十四日《か》、福島第一原発《ふくしまだいいちげんぱつ》の三号機《ごうき》で、水素爆発事故《すいそばくはつじこ》が起《お》こった。どんどん悪化《あっか》する事態《じたい》に、わたしは加藤《かとう》さんと相談《そうだん》し、馬《うま》を救《すく》うための基金《ききん》を設立《せつりつ》することを決《き》めた。

「募金用《ぼきんよう》の口座《こうざ》をあらたに開《ひら》きますね。あとインターネットでも、馬《うま》のゆくえを心配《しんぱい》している人《ひと》たちを見《み》かけるようになりました。」

「わたしも聞《き》かれることが多《おお》くなってきたから、インターネットで馬《うま》の情報《じょうほう》をまとめようよ。そうすれば、馬《うま》のこともっと聞《き》こえてくるかもしれない。」

三日《みっか》たった今《いま》も、人命救助《じんめいきゅうじょ》にさえまったく手《て》がとどいていない状況《じょうきょう》の中《なか》、馬《うま》を助《たす》けたいと大《おお》きな声《こえ》で言《い》えない気持《きも》ちもある。

それでもじっとしていられない。なにかしたかった。

またすぐに携帯《けいたい》がなる。画面《がめん》を見《み》ると、知《し》らない番号《ばんごう》だ。

「南相馬市《みなみそうまし》にいるK《ケー》と申《もう》します。とつぜんお電話《でんわ》してすみません。助《たす》けてください！」

せっぱつまった声《こえ》だ。

「震災《しんさい》にあった馬《うま》が十五頭《とう》いるんです。もらってもらえないでしょうか？」

「十五頭《とう》も!?」

SOS《エスオーエス》だった。

知《し》り合《あ》いに、わたしの電話番号《でんわばんごう》を聞《き》いたというK《ケー》さんの声《こえ》は、つかれきっている。

K《ケー》さんのいる地域《ちいき》は、津波《つなみ》はまぬがれたものの、原発《げんぱつ》の事故《じこ》で、住民《じゅうみん》が自主的《じしゅてき》に避難《ひなん》を始《はじ》めていた。避難《ひなん》する人《ひと》たちに『自分《じぶん》の馬《うま》もお願《ねが》いしたい。』とたのまれたという。

「お願《ねが》いします！　この馬《うま》たちを置《お》いて避難《ひなん》できません。小《ちい》さいころからずっといっしょに、野馬追《のまおい》に出《で》てきた家族《かぞく》なんです。」

Ｋ《ケー》さんが言《い》った野馬追《のまおい》とは、福島県相馬地方《ふくしまけんそうまちほう》で行《おこな》われる馬《うま》の祭《まつ》りのことだ。毎年《まいとし》、五百頭《とう》もの馬《うま》が、よろいに身《み》をつつみ、武士《ぶし》のすがたになった人《ひと》たちを乗《の》せて行列《ぎょうれつ》や競馬《けいば》をする。

「わかりました！　かならずひきとりにいける人《ひと》をさがしますから！」

わたしは、さっそく加藤《かとう》さんたちと手分《てわ》けして、さがしはじめる。同時《どうじ》に相馬《そうま》にいる獣医《じゅうい》さんにれんらくして、相馬地方《そうまちほう》にどれくらいの馬《うま》がくらしているか聞《き》いてみた。

「たぶん、野馬追《のまおい》の馬《うま》だけでも三百五十頭《とう》くらいじゃないですかねえ。」

「えーっ、そんなに！」

「個人《こじん》で数頭《すうとう》ずつ飼《か》ってるのが多《おお》いですね。ほかにもいると思《おも》いますよ。」

そんなにいたなんて……。ほかの人《ひと》たちは、どうやって世話《せわ》をしているんだろう？

Ｋ《ケー》さんのように、避難《ひなん》しないで馬《うま》のそばに残《のこ》っているのだろうか。いや、もうあきらめてしまったかもしれない。

避難《ひなん》するとき、犬《いぬ》などのペットを放《はな》してからにげた人《ひと》も多《おお》いと聞《き》いた。三百頭以上《とういじょう》の馬《うま》たちも、もしかしたらさまよっているのかもしれない。

なにができるかわからないと思《おも》っていたけれど、できることはきっとある。一頭《いっとう》でも多《おお》くの馬《うま》を助《たす》けたい。やろう。できることはなんでも動《うご》いてみよう。

馬《うま》のために活動《かつどう》するのが、わたしたちだ。

わたしは、引退馬協会《いんたいばきょうかい》として被災地支援《ひさいちしえん》を行《おこな》うと決《き》めた。


三月《がつ》十六日《にち》になった。

インターネットにくわしく、ずっと馬《うま》の情報《じょうほう》をさがしてくれている会員《かいいん》さんが、

「沼田《ぬまた》さん、岡山県《おかやまけん》に『福島《ふくしま》に行《い》けます。』とブログに書《か》いている人《ひと》がいますよ！」

と電話《でんわ》してきた。

「岡山《おかやま》!?　そんなに遠《とお》くから？」

ブログを見《み》ると、乗馬《じょうば》クラブをいとなんでいるO《オー》さんという人《ひと》だった。

とにかくれんらくしてみる。救助《きゅうじょ》が必要《ひつよう》な馬《うま》が福島《ふくしま》に十五頭《とう》いることを話《はな》すと、

「わかりました、行《い》きます！」

O《オー》さんはその場《ば》で決《き》めてくれた。しかし二日後《ふつかご》、暗《くら》い声《こえ》で電話《でんわ》がかかってくる。

「すみません……。福島《ふくしま》に行《い》けなくなりました。」

「えっ！　どうしてですか!?」

「獣医《じゅうい》さんが、『被《ひ》ばくした馬《うま》をあずかると、馬術競技会《ばじゅつきょうぎかい》に出《で》られなくなる。』って言《い》いだして、それを聞《き》いた家族《かぞく》やスタッフが『ぜったい行《い》ってはダメ！』と大反対《だいはんたい》なんです……。」

「なんですか、それは！　競技会《きょうぎかい》に出《で》られないなんて、そんなのデタラメですよ。」

わたしの中《なか》でいかりがこみあげてきた。

すぐさま、農林水産省《のうりんすいさんしょう》に電話《でんわ》をかける。馬《うま》や牛《うし》などの家畜《かちく》の担当《たんとう》は農林水産省《のうりんすいさんしょう》で、家畜《かちく》にかかわる獣医《じゅうい》の管轄《かんかつ》も同《おな》じだからだ。

なんとかしてほしいとうったえる。

「そう言《い》われましても……。自分《じぶん》は担当《たんとう》じゃありませんので……。」

電話《でんわ》に出《で》た人《ひと》は、ゴニョゴニョと言《い》うばかり。べつの人《ひと》に代《か》わってもにたような反応《はんのう》が続《つづ》く。最終的《さいしゅうてき》に電話《でんわ》は*口蹄疫《こうていえき》や*BSE《ビーエスイー》にかかわる部署《ぶしょ》にまわった。

*口蹄疫《こうていえき》　牛《うし》、豚《ぶた》などがかかるウイルス性《せい》の伝染病《でんせんびょう》。発熱《はつねつ》、よだれ、歩行障害《ほこうしょうがい》などを起《お》こす。
*BSE《ビーエスイー》　牛海綿状脳症《うしかいめんじょうのうしょう》。牛《うし》の脳《のう》の中《なか》に空洞《くうどう》ができ、スポンジ状《じょう》になる病気《びょうき》。運動機能《うんどうきのう》の低下《ていか》などを起《お》こし、死《し》に至《いた》る。

なんど同《おな》じ説明《せつめい》をくりかえしても、はっきりしない相手《あいて》に、つい声《こえ》が大《おお》きくなる。

「すぐ対策《たいさく》を立《た》ててください！　獣医《じゅうい》さんがそんな*風評被害《ふうひょうひがい》になるようなことを言《い》うなんて、信《しん》じられません！　命《いのち》をなんだと思《おも》ってるんですか！」

わたしのことばのいきおいにおそれをなしたのか、相手《あいて》の人《ひと》の声《こえ》が急《きゅう》に変《か》わった。

「わ、わかりました。とにかく、なにかできることをやってみますから……。」

その後《ご》、その獣医《じゅうい》さんが所属《しょぞく》する団体《だんたい》に直接注意《ちょくせつちゅうい》が入《はい》り、謝罪《しゃざい》があったとO《オー》さんかられんらくがきた。

心配《しんぱい》する家族《かぞく》を説得《せっとく》したO《オー》さんは、自分《じぶん》の馬運車《ばうんしゃ》ですぐに福島《ふくしま》まで向《む》かう。そしてほとんど休《やす》むことなく、十五頭《とう》のうち五頭《とう》も岡山《おかやま》までつれかえってくれたのだった。

一方《いっぽう》、馬《うま》の情報《じょうほう》サイトを作成《さくせい》していた加藤《かとう》さんかられんらくが入《はい》る。

「被災馬《ひさいば》のサイトができました。」

震災《しんさい》から八日《ようか》たった三月《がつ》十九日《にち》のことだ。

「もう？　すごいね、ありがとう！　銀行口座《ぎんこうこうざ》もお知《し》らせできるんだよね。」

「はい、だいじょうぶです。」

こうして、被災《ひさい》した馬《うま》の情報《じょうほう》サイト〝被災馬《ひさいば》ＩＮＦＯ《インフォ》〟をスタートさせた。同時《どうじ》にツイッターも始《はじ》め、基金用《ききんよう》の口座《こうざ》も案内《あんない》する。

約《やく》一週間《しゅうかん》というみじかさで準備《じゅんび》できたのは、会員《かいいん》さんたちが手伝《てつだ》ってくれたからだ。余震《よしん》の影響《えいきょう》で、自分自身《じぶんじしん》も会社《かいしゃ》にとまりこむことになったり、東北《とうほく》に行方不明《ゆくえふめい》の親戚《しんせき》がいたりするのに、馬《うま》や飼《か》い主《ぬし》さんのためにと動《うご》いてくれた。

〝被災馬《ひさいば》ＩＮＦＯ《インフォ》〟のサイトを立《た》ちあげると、ひっきりなしにれんらくが入《はい》ってくる。さまよっている馬《うま》がいるという知《し》らせや、馬《うま》をあずかってほしいとこまっている人《ひと》、馬《うま》のことはわからないけど、なにかしたいと勇気《ゆうき》を出《だ》してれんらくしてくれた人《ひと》……。

インターネットのおかげで、だんだんと被災馬《ひさいば》の情報《じょうほう》が多《おお》くの人《ひと》に伝《つた》わりだした。

また、活動《かつどう》をするうえで、ＮＰＯ法人《エヌピーオーほうじん》の認証《にんしょう》を受《う》けていたことがとても大《おお》きかった。ＮＰＯ法人《エヌピーオーほうじん》と伝《つた》えると、それだけで信用《しんよう》される。それに、「引退馬協会《いんたいばきょうかい》」という名称《めいしょう》で、説明《せつめい》しなくても馬《うま》にかかわることだとわかってもらえ、話《はなし》がスムーズに進《すす》んだ。

もし、あと一か月認証《げつにんしょう》がおくれていたら、とてもこんなふうに動《うご》けなかったはずだ。そ

＊風評被害《ふうひょうひがい》　事故《じこ》や事件《じけん》のあと、根拠《こんきょ》のないうわさのために受《う》ける被害《ひがい》。

う思《おも》うと、あのときNPO法人《エヌピーオーほうじん》になれたことはぐうぜんとは思《おも》えなかった。

K《ケー》さんの残《のこ》った十頭《とう》の馬《うま》も、れんらくをとった乗馬《じょうば》クラブなどにあずかってもらえるようお願《ねが》いして、移動《いどう》させはじめた。

しかし、被災地《ひさいち》のようすはなかなかわからないままだ。

相馬《そうま》で乗馬《じょうば》を通《とお》して子《こ》どもたちの教育活動《きょういくかつどう》をしているNPO法人《エヌピーオーほうじん》のN《エヌ》さんがゆいいつ、現地《げんち》のようすを教《おし》えてくれる存在《そんざい》だった。

「もうエサが足《た》りません。ガソリンがないから、買《か》いにいけないんです。道路《どうろ》も回復《かいふく》していないし、放射能《ほうしゃのう》の問題《もんだい》で配達《はいたつ》もしてくれない。倉庫《そうこ》も流《なが》されてしまって……。」

「それはたいへん！　わかりました。なんとか方法《ほうほう》を考《かんが》えますね。」

基金《ききん》には二週間《しゅうかん》たらずで、早《はや》くも二百万円《まんえん》以上《いじょう》集《あつ》まっている。みなさんからの寄付《きふ》を、まずエサ代《だい》に使《つか》わせてもらうことにした。

わたしは、エサをあつかう会社《かいしゃ》に、なんとか現地《げんち》まで運《はこ》んでくれるようにたのみこむ。

でも、どれくらいの数《かず》の馬《うま》がいるかわからない。とりあえずほし草《くさ》を固形化《こけいか》したヘイキューブというエサを用意《ようい》する。三十キロ入《い》りを百袋《ふくろ》で二十万円《まんえん》くらいだ。

百頭《とう》の馬《うま》の数日分《すうじつぶん》くらいを想定《そうてい》したけれど、あっという間《ま》になくなってしまった。すぐにふすまなど最低限必要《さいていげんひつよう》なエサを追加《ついか》する。

エサが必要《ひつよう》な馬《うま》の数《かず》は五十頭《とう》から百頭《とう》、百五十頭《とう》とどんどんふえていく。

並行《へいこう》して動《うご》いていたKさんの馬《うま》のひきとりも、残《のこ》り三頭《とう》になった。そのうち二頭《とう》は、重賞《じゅうしょう》レースに出《で》ていた有名馬《ゆうめいば》だ。もし取材《しゅざい》が入《はい》ったり、競馬《けいば》ファンかられんらくがいったりしたら、お願《ねが》いしたクラブにご迷惑《めいわく》をおかけしてしまう。そうなっては申《もう》し訳《わけ》ないので、イグレットであずかることにした。

「馬《うま》たちのこと、ほんとうにありがとうございます。」

馬運車《ばうんしゃ》をおりたK《ケー》さんが言《い》った。

「ほんとうにたいへんでしたね……。そんな中《なか》、よくぞ馬《うま》を守《まも》ってくださいました。」

馬運車《ばうんしゃ》の中《なか》からいななく声《こえ》が聞《き》こえてくる。イグレットの馬《うま》たちも、それにこたえるように、いななきかえす。

おりてきた馬《うま》たちは、堂々《どうどう》とした風格《ふうかく》があるものの、やせた体《からだ》がいたいたしい。

「がんばったねえ。もうだいじょうぶだよ。ここでゆっくり休《やす》んでね。」

わたしが二頭《とう》の首《くび》をそっとなでると、鼻《はな》をならした。

「相馬《そうま》には、もうだれも残《のこ》っていません。まるで、この世《よ》の終《お》わりって感《かん》じですよ。」

K《ケー》さんが、顔《かお》をゆがめる。

「そうですか……。」

「ガレキとゴミの山《やま》です。野生化《やせいか》したペットがゴミをあさって、異様《いよう》なふんいきです。」

わたしは、もどかしい気持《きも》ちでいっぱいになった。

K《ケー》さんは残《のこ》してきた最後《さいご》の一頭《とう》の移動《いどう》のために、すぐに福島《ふくしま》にもどった。

避難《ひなん》してきた二頭《とう》を見《み》にいくと、おびえと警戒心《けいかいしん》がまざったような目《め》をしている。

「たいへんだったねえ……。よくがんばったねえ……。」

そっと首《くび》をなでながら、気持《きも》ちがうずく。千葉《ちば》にいては、被災地《ひさいち》のほんとうのようすはわからなかった。馬《うま》の情報《じょうほう》も断片的《だんぺんてき》だし、どこまでがほんとうかわからない。

「おまえたちがいたところはどんな状況《じょうきょう》なの？　ほかの馬《うま》たちはどうしてるの？」

「ブルルン。」

行《い》きたい。現地《げんち》のようすをたしかめたい。だけど……。

「行《い》っても、わたしになにができるんだろう？　ただの見物客《けんぶつきゃく》になるくらいなら、やめたほうがいいよね。無責任《むせきにん》だもの。」

馬《うま》たちはじっとわたしの話《はなし》を聞《き》いている。

どうしよう……。なにかしたい。でもちゅうとはんぱな気持《きも》ちなら、やめたほうがいい。まよう気持《きも》ちとあせる気持《きも》ちで、胸《むね》がいっぱいになってくる。

「行《い》っておいでよ、マミー。」

ふいに後《うし》ろから声《こえ》がした。ふりむくと、次女《じじょ》が立《た》っている。

「今回《こんかい》の地震《じしん》で、マミーが必死《ひっし》にやってきたことを見《み》て、わたし、ちょっと感動《かんどう》した。すごいことやってるんだなって、初《はじ》めてわかった。

だから、これからはマミーを応援《おうえん》するよ。クラブのことは、わたしとお兄《にい》ちゃんとで守《まも》るから、心配《しんぱい》しないで。」

えっ……。

次女《じじょ》の言葉《ことば》に、耳《みみ》をうたがった。

三人《にん》の子《こ》どものなかでも、いちばんわたしに反抗《はんこう》してきた次女《じじょ》。一時《いちじ》は髪《かみ》を金色《きんいろ》にそめ、ハデな服《ふく》を着《き》て、とげとげしい言葉《ことば》を投《な》げつけてきていた娘《むすめ》。その次女《じじょ》がかけてくれた、信《しん》じられないほどやさしい言葉《ことば》。

なによりのはげみになった。なによりの力《ちから》になった。よし、がんばれる！

「ありがとう……。」

わたしは笑顔《えがお》で言《い》ったけど、ほんとはなみだがこぼれそうだった。

「マミーもあやまりたいって思《おも》ってた。長《なが》い間《あいだ》、あなたの気持《きも》ち、ちっともわかろうとしないで、ごめんね。」

次女《じじょ》はあわてたように、

「いいからいいから。」

と笑《わら》ってごまかす。よくにた者同士《ものどうし》だ。わたしたち……。

「ヒヒーン！」

「ブルル……。」

避難《ひなん》してきた二頭《とう》が顔《かお》をよせてくる。

「ほら、この子《こ》たちも行《い》ってこいって言《い》ってるよ。」

次女《じじょ》がわたしの背中《せなか》をおすように言《い》う。

「ほんとだ……。」

わたしたちは顔《かお》を見《み》あわせ、ひさしぶりにいっしょに笑《わら》った。


相馬《そうま》には、二週間後《しゅうかんご》の四月九日《がつここのか》に行《い》くことに決《き》めた。

せっかく行《い》くなら、物資《ぶっし》やガソリンも用意《ようい》して、できるだけ持《も》っていきたい。加藤《かとう》さんたちにもたのんで、準備《じゅんび》を始《はじ》める。

数日後《すうじつご》の夜《よる》のことだ。

「沼田《ぬまた》さん、被災《ひさい》した馬《うま》の記事《きじ》を見《み》つけました！」

会員《かいいん》さんからブログのアドレスが送《おく》られてきた。

それは震災後初《しんさいごはじ》めて見《み》る、津波《つなみ》にのまれた馬《うま》の写真《しゃしん》だった。

脚《あし》に大《おお》きなけがをしている。パックリと開《ひら》いたきず口《ぐち》。ガリガリの体《からだ》……。

「ひどい……。」

どの馬《うま》もどろまみれだ。記事《きじ》には、三十頭以上《とういじょう》の馬《うま》が被災《ひさい》した厩舎《きゅうしゃ》にいると書《か》いてあった。

「三十頭《とう》!!　そんなにたくさんいるの!?」

ブログにはほかにも、どろの中《なか》に横《よこ》たわり、起《お》きあがれない馬《うま》、けがをしてうつろな目《め》の馬《うま》たちの写真《しゃしん》がならんでいる。

「かわいそうに……。こんなにやせちゃって……。どうかがんばってちょうだい。」

急《いそ》いで相馬《そうま》のN《エヌ》さんに、この馬《うま》たちのことを知《し》らないか、問《と》い合《あ》わせてみる。

すると、T《ティー》さんという家畜商《かちくしょう》をいとなむ人《ひと》の厩舎《きゅうしゃ》だとわかった。今《いま》は、T《ティー》さんが避難所《ひなんじょ》から通《かよ》うことができているらしい。

その日《ひ》から出発《しゅっぱつ》まで、物資《ぶっし》を集《あつ》めたり、エサの支援《しえん》を続《つづ》ける中《なか》、あの馬《うま》たちの写真《しゃしん》がずっとわたしの心《こころ》をしめつけていた。


四月八日《がつようか》の深夜《しんや》。できる限《かぎ》りの物資《ぶっし》を積《つ》んで、わたしはイグレットを出発《しゅっぱつ》した。

積《つ》みこんだ物資《ぶっし》は、食料《しょくりょう》や飲料《いんりょう》、衣類《いるい》、食器《しょっき》などに加《くわ》え、化粧品《けしょうひん》や卓上《たくじょう》コンロ。それにガソリン、馬《うま》はもちろん、犬《いぬ》や猫《ねこ》のエサも用意《ようい》した。

とちゅうで雨《あめ》がふりはじめる。気持《きも》ちがはやって、落《お》ち着《つ》かない。

真《ま》っ暗《くら》な中《なか》、ヘッドライトの明《あ》かりだけが光《ひか》る。

地面《じめん》はひびわれ、ガタガタと車体《しゃたい》をゆらす。

おそいかかってくる不安《ふあん》と恐怖《きょうふ》をかき消《け》すように、アクセルを強《つよ》くふみこむ。

夜通《よどお》し走《はし》りつづけて、高速道路《こうそくどうろ》をおりるころには、あたりはうっすらと明《あか》るくなりかけていた。一般道路《いっぱんどうろ》に出《で》ると、福島県《ふくしまけん》の南相馬《みなみそうま》に向《む》かう海岸方面《かいがんほうめん》をめざす。南相馬市《みなみそうまし》につくとまず物資《ぶっし》をNさん《エヌ》にわたした。

そして、市《し》の職員《しょくいん》と支援《しえん》について打《う》ち合《あ》わせをしたあと、いっしょに車《くるま》に乗《の》りこむ。

「これを着《き》てください。」

職員《しょくいん》から受《う》けとった雨《あま》ガッパのような防護服《ぼうごふく》を着《き》て、わたしは国道《こくどう》を南《みなみ》に走《はし》る。向《む》かったのは、あのTさん《ティー》の厩舎《きゅうしゃ》だ。

外《そと》には、警察官《けいさつかん》や救急隊員《きゅうきゅうたいいん》、工事《こうじ》の人《ひと》たちしかいない。

しばらく走《はし》りつづけると、しだいに警備員《けいびいん》のすがたがふえてくる。緊張《きんちょう》が高《たか》まる。

すると、前方《ぜんぽう》に立《た》ち入《い》り禁止《きんし》のバリケードが見《み》えてきた。黒《くろ》い制服《せいふく》にマスクをつけた何《なん》人《にん》もの警備員《けいびいん》がものものしくならんでいる。

その中《なか》の一人《ひとり》が近《ちか》づいてくる。わたしが市《し》の職員《しょくいん》と同行《どうこう》しているとわかると、言《い》った。

「ここから二十キロ圏内《けんない》です。車《くるま》の窓《まど》は開《あ》けないでください。」

「わかりました。」

警備員《けいびいん》の視線《しせん》を感《かん》じながら、ゆっくりと通《とお》りぬけていく。

「えっ……!」

思《おも》わず息《いき》をのんだ。あたりはグレー一色《いっしょく》。なんの色《いろ》もない。

道《みち》の右側《みぎがわ》にはガレキの山《やま》やこわれた家《いえ》。左側《ひだりがわ》は津波《つなみ》に流《なが》され、なにひとつ残《のこ》っていない。一面《いちめん》のどろの中《なか》に、さかさまになった木《き》の根《ね》が空《そら》に向《む》かって四方八方《しほうはっぽう》にのびている。まっすぐに立《た》っているものは、ひとつもない。人《ひと》の気配《けはい》すら感《かん》じられない。

グチャグチャだ……。

これまでもテレビや新聞《しんぶん》で、被災地《ひさいち》のようすは目《め》にしてきた。しかし、ここはちがう。立《た》ち入《い》り禁止《きんし》エリアは、テレビでは知《し》ることのできない世界《せかい》だ。目《め》にするもの、すべてが震災《しんさい》のすさまじさを見《み》せつける。

どう受《う》けとめればいいの……?

重《おも》い気持《きも》ちにつぶれそうになりながら、なんとかT《ティー》さんの厩舎《きゅうしゃ》にたどりついた。

あの日《ひ》、津波《つなみ》にのみこまれた厩舎《きゅうしゃ》は、屋根《やね》もかべもくずれおちて、どろまみれだ。

そのひどさに思《おも》わず声《こえ》をあげそうになって、とっさに口《くち》をおさえる。

びっくりしていることを出《だ》しちゃいけない。落《お》ち着《つ》け、落《お》ち着《つ》いて……。

「馬《うま》は、あの建物《たてもの》の中《なか》だよ。」

とつぜん声《こえ》がした。その声《こえ》は厩舎《きゅうしゃ》の持《も》ち主《ぬし》のT《ティー》さんだった。

T《ティー》さんに言《い》われるままに、雨《あめ》でぬかるむどろの中《なか》を、わたしは一人《ひとり》でおそるおそる厩舎《きゅうしゃ》に向《む》かう。

入《い》り口《ぐち》から中《なか》の暗《くら》がりに、目《め》をこらす。

「うっ……。」

どくとくなにおいが、鼻《はな》をついてくる。どうしよう、こわい……。

わたしは意《い》を決《けっ》して、厩舎《きゅうしゃ》の中《なか》に足《あし》をふみいれる。

ガリガリにやせこけた馬《うま》が目《め》に飛《と》びこんできた。うつろな目《め》。まるで生気《せいき》がない。

「うそ……。」

鼻《はな》に白《しろ》いラインが入《はい》ったその馬《うま》は、脚《あし》がぐちゃぐちゃのどろにつかったままで、立《た》っているのもやっとのようすだ。それなのに、

「ブルル……。」

わたしに向《む》かって、小《ちい》さく鼻《はな》をならした。津波《つなみ》にのまれたせいで体《からだ》じゅうが皮膚病《ひふびょう》になっている。脚《あし》には大《おお》きなきずもあった。

「こんなになっちゃって……。」

わたしが鼻《はな》すじをなでると、馬《うま》は鼻先《はなさき》をわたしの胸《むね》にトン……とおしつけてきた。

『助《たす》けて……。』

声《こえ》が聞《き》こえたような気《き》がした。思《おも》わず、両手《りょうて》で顔《かお》をだきしめる。かわいそうに……。やせこけたほおは冷《ひ》えきっている。

「だいじょうぶ、だいじょうぶだからね。」

はげますようになんどもほおをさすった。持《も》ってきていたニンジンを取《と》りだす。

「ほら、ニンジンよ。」

そっと口《くち》もとへ差《さ》しだす。馬《うま》はモゴモゴと口《くち》にくわえたが、かめずに落《お》としてしまっ

た。ひろいあげたとき、となりの馬房《ばぼう》に横《よこ》たわる馬《うま》が目《め》に入《はい》った。

「えっ！」

どろに半分《はんぶん》うもれているその馬《うま》は、息《いき》たえていた。あばら骨《ぼね》がくっきりとうきでている。こんなにペタンコになってしまって……。

見《み》まわすと、おくのほうにまだ何頭《なんとう》もいる。どの馬《うま》もいななきもせず、ただぼんやりと立《た》っているだけだ。一頭《いっとう》もいないかのような、みょうな静《しず》けさだ。

そのとき、T《ティー》さんが厩舎《きゅうしゃ》に入《はい》ってきた。水《みず》の入《はい》ったポリタンクをかかえている。

わたしは馬《うま》たちのようすについて聞《き》いた。

「馬《うま》たちは、ぜんぜん食《た》べられないんですか……？」

「んー、そだね。そもそもエサがねえから。この二十キロ圏内《けんない》までは配達《はいたつ》に入《はい》ってこれねんだ。馬《うま》たちは津波《つなみ》の水飲《みずの》んじまってるし、全身《ぜんしん》ボロボロだ。もう何頭《なんとう》も死《し》んじまった。」

T《ティー》さんは馬《うま》たちに水《みず》をくばりながら、みじかくこたえた。胸《むね》がつまって、息《いき》もできない。

あの津波《つなみ》を生《い》きのびたのに、原発事故《げんぱつじこ》によって移動《いどう》もできず、治療《ちりょう》も受《う》けられない。エサがなくなっても、ここでT《ティー》さんが来《く》るのをただ待《ま》つしかない。

今《いま》にも息《いき》がたえてしまいそうな馬《うま》が、うっすらと目《め》を開《あ》けて、わたしを見《み》る。
目《め》だけがかすかに光《ひか》っている。なんとか生《い》きようと、必死《ひっし》に力《ちから》をふりしぼっていた。
それなのにわたしは、この馬《うま》になにもしてあげられない。
もっと早《はや》く来《き》ていれば、なんとかなったのかもしれないのに……。
『助《たす》けて……。』
うつろな目《め》が、うったえている。心《こころ》にするどい矢《や》がささった気《き》がした。
地震《じしん》と津波《つなみ》を乗《の》りこえた命《いのち》が消《き》えかけている。
ふいに、強《つよ》い思《おも》いがわきあがった。
この子《こ》たちをなんとかしたい！　どうしても助《たす》けたい！
生《い》きていてほしい！　生《い》きているだけでいい！
生《い》きているだけで、それだけで価値《かち》があるんだから。
このまま、この子《こ》たちを残《のこ》しては帰《かえ》れない。
そう、そのためにわたしはここに来《き》たのだ。
わたしはT《ティー》さんを見《み》つめた。

「この馬《うま》、ゆずってくれませんか？」

「えっ？　どれを？」

おどろいたＴ《ティー》さんが聞《き》きかえす。

「いちばん弱《よわ》っている馬《うま》……、いや、生《い》きている子《こ》はぜんぶ。」

わたしは、きっぱりと言《い》いきった。

厩舎《きゅうしゃ》の中《なか》の空気《くうき》が一瞬《いっしゅん》はりつめた。

「ああ、わかった。」

Ｔ《ティー》さんはわたしの目《め》をしっかりと見《み》て、言《い》った。

Ｔ《ティー》さんの厩舎《きゅうしゃ》の中《なか》。馬《うま》たちは生気《せいき》がなく、しーんと静《しず》まり返《かえ》っていた。（2011年《ねん》4月《がつ》９日《ここのか》）

11 可《か》能《のう》性《せい》を開《ひら》きたい

とつぜん決《き》まった話《はなし》に、あわただしくなる。

引退馬協会《いんたいばきょうかい》が、T《ティー》さんからゆずりうけた馬《うま》は九頭《とう》。ひきわたせない馬《うま》も何頭《なんとう》かいたため、その馬《うま》はT《ティー》さんの手《て》もとに残《のこ》る。

まずは、この九頭《とう》を移動《いどう》させなければいけない。だけど、こんなことになると思《おも》っていなかったから、動《うご》かす手段《しゅだん》がない。

日帰《ひがえ》りで帰《かえ》らなければいけないわたしには、時間《じかん》がなかった。

それでも、原発《げんぱつ》から三十キロ圏外《けんがい》にある「相馬《そうま》ポニー牧場《ぼくじょう》」にれんらくしてみると、場《じょう》長《ちょう》さんがこころよく場所《ばしょ》をかしてくれると言《い》ってくれた。

それを聞《き》いたT《ティー》さんが言《い》った。

「そったら沼田《ぬまた》さん、移動《いどう》はこっちでやっから、だいじょうぶだ。」

「でも、そういうわけには……。」

「こっちこそ、正直助《しょうじきたす》かった。ほかにたのんでも、放射能《ほうしゃのう》あびた馬《うま》なんかいらねえって言《い》われてよ……。ぜんぶの馬《うま》、山《やま》に放《はな》しちまったほうがいいんじゃねえかって……、そったらことまで考《かんが》えていたから。」

T《ティー》さんの顔《かお》がつらそうにゆがんだ。

避難所《ひなんじょ》から郡山《こおりやま》までエサを買《か》いにいき、なんども水《みず》を運《はこ》んで、たった一人《ひとり》でこれだけの数《かず》の馬《うま》のめんどうをみてきたT《ティー》さん。

せっかく生《い》きのびたのに、移動《いどう》させることも、治療《ちりょう》を受《う》けさせることもできない。来《く》るたびに、一頭《いっとう》また一頭《いっとう》と息《いき》たえていく。しかも埋葬《まいそう》してあげることもできない。

どれほどつらかっただろう。

それでも見《み》すてず、なんとかここまでつないできた。馬《うま》が死《し》ぬか、それとも自分《じぶん》が死《し》ぬかと思《おも》うほど、体力的《たいりょくてき》にも気持《きも》ちのうえでもギリギリだったにちがいない。

「ご家族《かぞく》はご無事《ぶじ》だったんですか。」

わたしは、震災当日《しんさいとうじつ》のことをたずねた。

「うん。子《こ》どもたちとおふくろがいたから、家《いえ》さいるとあぶねえからって、とりあえず車《くるま》さ乗《の》れって言《い》って。国道《こくどう》が堤防代《ていぼうが》わりになっから、まちがっても津波《つなみ》はここまでは来《こ》ねえだろうって思《おも》ってたからね。

だけどもどってきたときには、もう津波《つなみ》が来《き》てた。あの高《たか》いへいのところで、たのむから止《と》まってくれーっておがんでたけど、ダメだったな……。」

T《ティー》さんはじょうだんっぽく笑《わら》ってみせたが、すぐに目《め》をふせる。

「オレんとこの馬《うま》は津波《つなみ》で死《し》んだのはいない。でも、そのあとに原発《げんぱつ》で爆発《ばくはつ》があったから。ここでドーンって音聞《おとき》こえたからな。」

「えっ、音《おと》が？」

「うん、煙《けむり》もこっから見《み》えた。なんつったらいいんだべな。あっちのほうに、ドヨーンとした変《へん》な雲《くも》っつうか、水蒸気《すいじょうき》っつうか……、見《み》たこともねえ、変《へん》な雲《くも》だったな。」

わたしは、T《ティー》さんの指《ゆび》さすほうに目《め》をこらす。今《いま》は、どのあたりが原発《げんぱつ》なのかさえわからない。地震《じしん》や津波《つなみ》にくわえ、放射能《ほうしゃのう》という目《め》に見《み》えない重《おも》さがのしかかってくる。

「きょうはもどって、またすぐに来《き》ます。馬《うま》たちの移動《いどう》をよろしくお願《ねが》いします。」

T《ティー》さんに約束《やくそく》して、わたしは南相馬《みなみそうま》をあとにした。

生《い》きていてくれるだけでいい、生《い》きているだけで価値《かち》があるんだ。被災《ひさい》した馬《うま》と飼《か》い主《ぬし》さんのためにできることをやっていこう。

わたしは強《つよ》い思《おも》いを胸《むね》に、高速道路《こうそくどうろ》のまっすぐな道《みち》を走《はし》りつづけた。

T《ティー》さんからゆずりうけた九頭《とう》は、無事《ぶじ》にポニー牧場《ぼくじょう》に移動《いどう》することができた。

一刻《いっこく》も早《はや》く治療《ちりょう》してあげたい。全身《ぜんしん》の皮膚病《ひふびょう》や、きずから流《なが》れている血《ち》。どろだらけで、やせこけた体《からだ》が頭《あたま》からはなれない。

津波《つなみ》で全身水《ぜんしんみず》につかったあと、そのまま放置《ほうち》されていたので、どんな危険《きけん》な状態《じょうたい》にあるのか、想像《そうぞう》もできなかった。津波《つなみ》のドロ水《みず》も飲《の》んでしまったと聞《き》いた。ただ飢《う》えているというだけではないのだ。

馬《うま》は、ケイクンや白癬症《はくせんしょう》という、よごれや真菌《しんきん》というカビのなかまが原因《げんいん》の皮膚病《ひふびょう》にかかりやすい。ひどくなると、ほかの病気《びょうき》につながることもあるから要注意《ようちゅうい》だ。

わたしは同行《どうこう》してくれる獣医《じゅうい》さんを見《み》つけ、二日後《ふつかご》に、もう一度《いちど》福島《ふくしま》へ車《くるま》を走《はし》らせた。

治療《ちりょう》のあと、せめて少《すこ》しの時間《じかん》でもいいから、馬《うま》を放牧《ほうぼく》させてあげたかった。

津波《つなみ》にのまれてから一か月以上《げついじょう》、せまい馬房《ばぼう》の中《なか》でひたすら立《た》っているしかなかった馬《うま》たち。明《あか》るい太陽《たいよう》の下《した》で、少《すこ》しでもリラックスしてほしい。

「相馬《そうま》ポニー牧場《ぼくじょう》」に着《つ》くと、さっそく一頭《とう》ずつ厩舎《きゅうしゃ》から馬場《ばば》へとつれだす。

するとどの馬《うま》も、ひさしぶりの馬場《ばば》の感触《かんしょく》をたしかめるように、ゆっくりと馬場内《ばばない》を歩《ある》きはじめた。なかには走《はし》りだす馬《うま》までいる。

そのすがたを見《み》て、ホッとした。

「よかった……。せっかく津波《つなみ》を乗《の》りこえたんだもの。早《はや》く元気《げんき》になってほしいなあ。」

「ほんとうにそうですね。」

獣医《じゅうい》さんもうなずく。

彼《かれ》らのつぎの飼《か》い主《ぬし》さんをさがすのが、わたしの大事《だいじ》な仕事《しごと》だ。体調《たいちょう》が回復《かいふく》したら、それぞれの性格《せいかく》や能力《のうりょく》に合《あ》ったところを見《み》つけて、ひきわたしたい。

九頭《とう》のようすを見《み》ていると、まだ若《わか》い馬《うま》もいて、治療《ちりょう》だけでなく、人間《にんげん》とくらすための

T《ティー》さんから引《ひ》き取《と》った馬《うま》9頭《とう》は、「相馬《そうま》ポニー牧場《ぼくじょう》」に避難《ひなん》させた。どの馬《うま》もどろだらけだった。向《む》かって左《ひだり》がハーモニィノア、右《みぎ》がチトセチャン。

被災馬《ひさいば》の1頭《とう》、ノア。ほかの馬《うま》よりワンテンポおくれるマイペースな子《こ》。現在《げんざい》は、青森《あおもり》の「駒《こま》っこランド」でのぞみ（希望）ちゃんという名前《なまえ》で活躍《かつやく》している。

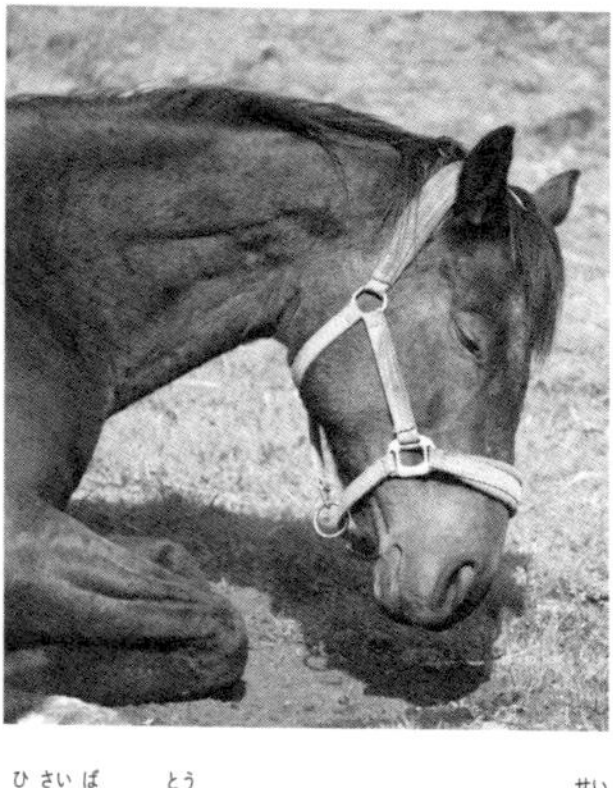

被災馬《ひさいば》の1頭《とう》、チトセチャン。おとなしい性《せい》格《かく》で、引《ひ》き取《と》った9頭《とう》のなかでいちばん体《からだ》が弱《よわ》かった。

しつけやトレーニングなど、馬専門《うませんもん》のケアや管理《かんり》が必要《ひつよう》だと感《かん》じる。

そこでわたしは、以前《いぜん》イグレットでインストラクターをしていた人《ひと》に、スタッフとして相馬《そうま》に行《い》ってずっとその場《ば》にいてもらえるようお願《ねが》いした。

馬《うま》のようすを知《し》るために、〝被災馬《ひさいば》ＩＮＦＯ《インフォ》〟とはべつに、スタッフが自由《じゆう》に更新《こうしん》できる被災馬《ひさいば》のブログを作《つく》る。

Ｔ《ティー》さんからゆずりうけた九頭《とう》のなかには、名前《なまえ》がついていない馬《うま》もいるとわかった。これからの新《あたら》しい人生《じんせい》を元気《げんき》に生《い》きていってほしい。そう願《ねが》って、一頭一頭《いっとういっとう》に新《あたら》しい名《な》前《まえ》をつけた。

—チトセチャン、ノア、ビッグウェーブ、ピーチガール、ファースト、フォーチュン、フク、フラ、レン、これが九頭《とう》の名前《なまえ》だ。

ほかにも、ポニー牧場《ぼくじょう》のエサや馬用《うまよう》の道具《どうぐ》の調達《ちょうたつ》なども必要《ひつよう》だったし、何日《なんにち》かとどまってくれる獣医《じゅうい》さんもさがしたい。加藤《かとう》さんたちと手分《てわ》けして準備《じゅんび》を進《すす》めた。

するとツイッターを通《とお》して、馬《うま》の獣医《じゅうい》さんから『ボランティアで手伝《てつだ》えることがありませんか。』とれんらくが入《はい》ったのだ。加藤《かとう》さんの声《こえ》がはずむ。

「すごいですね、馬《うま》の獣医《じゅうい》さんですよ。」

「こんなに心強《こころづよ》いことないよ。ぜひともお願《ねが》いしよう。」

ほかにも、ポニー牧場《ぼくじょう》の場長《じょうちょう》さんが『自分《じぶん》にできることなら、なんでもやりますよ。』と手伝《てつだ》いを申《もう》しでてくれたり、ボランティアでエサを運《はこ》んでくれる人《ひと》がいたりと、助《たす》けてくれる人《ひと》がふえていく。

馬《うま》を助《たす》けたいという思《おも》いが、たくさんの人《ひと》とのつながりを生《う》んでいくのを感《かん》じた。

そんな矢先《やさき》のことだ。南相馬《みなみそうま》市役所《しやくしょ》の職員《しょくいん》から、

「四月《がつ》二十二日《にち》に、福島第一原発《ふくしまだいいちげんぱつ》から半径《はんけい》二十キロ圏内《けんない》が警戒区域《けいかいくいき》になると決《き》まりました。」

という知《し》らせが飛《と》びこんできた。

「警戒区域《けいかいくいき》って、どういうことですか？」

「人《ひと》が立《た》ち入《い》れなくなりますので、まだ馬《うま》を避難《ひなん》させることができていない人《ひと》がいましたら、早《はや》めに移動《いどう》をお願《ねが》いします。」

「ほんとうですか！」

たいへんだ！　あと一週間《しゅうかん》しかない。立《た》ち入《い》り禁止《きんし》になったら、エサをあげにいくこともできなくなる。だけど、飼《か》い主《ぬし》の許可《きょか》なしに、勝手《かって》につれだすこともできない。

わたしはあわてて、ツイッターで知《し》らせるとともに、れんらく先《さき》がわかる飼《か》い主《ぬし》さんに電話《でんわ》をかける。

四月《がつ》二十二日《にち》ギリギリにかけこむようにして、サラブレッドやポニーが何頭《なんとう》も避難《ひなん》してくる。さまよっていた馬《うま》も保護《ほご》され、相馬《そうま》ポニー牧場《ぼくじょう》は馬《うま》であふれた。

移動《いどう》したてのころは衰弱《すいじゃく》してたおれそうだった九頭《とう》も、治療《ちりょう》とスタッフや獣医《じゅうい》さんの愛《あい》情《じょう》のおかげで、少《すこ》しずつ元気《げんき》になっていく。

「やっと、一頭《とう》あらうことができました！」

常駐《じょうちゅう》スタッフが、うれしそうに電話《でんわ》してきた。

「ほんと？　馬《うま》も喜《よろこ》んだでしょう。」

「よごれがすごかったですよ。水《みず》がいつまでも茶色《ちゃいろ》いんです。しかも、あらった馬《うま》を厩舎《きゅうしゃ》にもどしたら、ほかの馬《うま》が警戒《けいかい》してないたんですよ。」

「べつの馬《うま》がやってきたとかんちがいしたの？　すごいね、そんなにちがったんだ。」

思《おも》わず笑《わら》ってしまった。

馬《うま》たちのようすがブログからも伝《つた》わってくる。それぞれの性格《せいかく》もわかってきた。あまえんぼうのまだおさない馬《うま》もいるし、人見知《ひとみし》りもいる。かわいいと言《い》われているのがわかると、ポーズをとる馬《うま》もいる。

そんな馬《うま》たちのなかでとくにひょうきんなのは、ドーケージというオスの馬《うま》だ。放浪《ほうろう》しているところを保護《ほご》されたので、名前《なまえ》がわからない。だから、保護《ほご》されたとき近《ちか》くにあったお寺《てら》の名前《なまえ》がつけられた。

馬《うま》や犬《いぬ》、人間《にんげん》もふくめ、だれとでも仲良《なかよ》くなれるムードメーカーだ。放牧中《ほうぼくちゅう》、ねころがっているドーケージの前《まえ》に、おやつのほし草《くさ》がくばられると、めんどうなのか、ねころんだまま首《くび》をのばして食《た》べようとする。

「ドーケージったら、だらしないぞ～。」

スタッフに笑《わら》われても、やっぱりダラーンとねころんだままで食《た》べようとするから、見《み》ているこちらもつい笑《わら》ってしまう。

ある日《ひ》、ドーケージを見《み》た地元《じもと》の人《ひと》が、山形県《やまがたけん》に避難《ひなん》しているA《エー》さん夫妻《ふさい》の馬《うま》ではないかと言《い》ってくれ、飼《か》い主《ぬし》さんが判明《はんめい》した。

わたしは、さっそくA《エー》さん夫妻《ふさい》にれんらくする。

「まさか、生《い》きているとは思《おも》ってなかった……。うれしいです。震災《しんさい》で、たったひとつのうれしいことです。」

電話《でんわ》の向《む》こうの声《こえ》がふるえた。

その後《ご》、夫妻《ふさい》は山形《やまがた》からドーケージに会《あ》いにくるようになった。ドーケージは、トラックの音《おと》が聞《き》こえるとすがたが見《み》えないうちからいななないて、二人《ふたり》を待《ま》ちかまえる。

その後《ご》、山形《やまがた》の疎開生活《そかいせいかつ》を終《お》えると、A《エー》さん夫妻《ふさい》はドーケージをむかえにきた。

おくさんが運転《うんてん》する軽《けい》トラックの荷台《にだい》に、A《エー》さんが手綱《たづな》をにぎってすわる。ドーケージが車《くるま》の横《よこ》を軽《かろ》やかに歩《ある》いていく。その後《うし》ろすがたは、喜《よろこ》びにあふれていた。

また、北海道《ほっかいどう》に疎開《そかい》する準備《じゅんび》のために、ポニー牧場《ぼくじょう》にやってきた白馬《はくば》もいる。名前《なまえ》はダンツムソウ。ハナという犬《いぬ》もいっしょだ。

ハナは、かたときもムソウからはなれない。

「ひきはなすとダメなんですよ。ムソウをいつまでもさがすんです。」

飼《か》い主《ぬし》のI《アイ》さんは、ムソウとともに毎年《まいとし》、相馬野馬追《そうまのまおい》に出《で》てきた。

三月十一日《がつにち》。I《アイ》さんは、地震《じしん》でれんらくがつかない実家《じっか》に向《む》かって、仕事先《しごとさき》から必死《ひっし》に歩《ある》いていた。十二日《にち》の明《あ》け方《がた》になっていたという。

しかし、実家《じっか》が建《た》っていたあたりは、だれかいないかと、懐中電灯《かいちゅうでんとう》で照《て》らしながら歩《ある》きまわる。するとm、暗《くら》がりの中《なか》にぼんやりと白《しろ》いものが見《み》えた。近《ちか》づいてみると、それはダンツムソウだった。

「ムソウ、生《い》きていたのか！」

I《アイ》さんはかけよると、びしょぬれの体《からだ》をだきしめる。ムソウはよろめきながら、I《アイ》さんにけんめいに顔《かお》をこすりつけてきた。

ほかにだれか生《い》きていないか目《め》をこらす。すると、なにかが動《うご》いている。ハナだった。

二頭《とう》は沖《おき》まで流《なが》されながらも、自分《じぶん》の力《ちから》で泳《およ》いで陸《りく》までもどってきたのだ。

ムソウは、潮水《しおみず》をたくさん飲《の》んで、おなかがふくれてしまっていた。体《からだ》じゅうきずだらけで、前脚《まえあし》から流《なが》れる血《ち》が止《と》まらず、白《しろ》い毛《け》なみが赤《あか》くそまっている。

その後《ご》、I《アイ》さんはゆくえがわからない母親《ははおや》と姉《あね》をさがしつづけた。しかし、二人《ふたり》ともかえらぬ人《ひと》となってしまった。

悲《かな》しみにくれるI《アイ》さんにとって、ムソウたちが心《こころ》のささえだ。

「ムソウは、母《はは》と姉《あね》の代《か》わりに生《い》きててくれたのかなあって思《おも》います。というか、ムソウをぼくに残《のこ》してくれたのかもしれない……。そんな気《き》がするんです。」

遠《とお》いまなざしをするI《アイ》さんに、ダンツムソウが顔《かお》をよせて、じゃれつく。

わたしには『ぼくがずっとそばにいるよ。』と言《い》っているように見《み》えた。


どの飼《か》い主《ぬし》さんも馬《うま》も、同《おな》じようにさまざまないたみを背負《せお》い、つらさをかくして避難《ひなん》している。はなればなれになっている家族《かぞく》もたくさんいる。

少《すこ》しでも早《はや》く、いっしょにくらせる日《ひ》をむかえてほしい。日《ひ》がたつにつれて、その思《おも》いが強《つよ》くなる。

地震《じしん》が起《お》こった当初《とうしょ》は、一、二か月《げつ》で落《お》ち着《つ》くだろうと思《おも》っていた。けれど、二十キロ圏内《けんない》が警戒区域《けいかいくいき》になり、放射能《ほうしゃのう》の影響《えいきょう》がどう出《で》てくるかもわからない。

毎週行《まいしゅうおこな》っているエサの配布支援《はいふしえん》は、一回《かい》の配布《はいふ》で二百頭《とう》にまでふえた。

もう会《あ》えないとあきらめていたドーケージと再会《さいかい》できたA《エー》さん。ついに連《つ》れだって帰《かえ》る日《ひ》がやってきた。

津波《つなみ》のなか、泳《およ》いで岸《きし》にもどったダンツムソウ。I《アイ》さんは、震災翌年《しんさいよくねん》の野馬追《のまおい》で御神旗《ごしんき》をとった。

それだけの頭数《とうすう》を支援《しえん》できているのは、ひとえに寄付《きふ》してくださった人《ひと》やボランティアでささえてくれた人《ひと》たちのおかげだ。

その気持《きも》ちをけっしてむだにはできない。かならず馬《うま》たちを守《まも》らなくては。

「加藤《かとう》さん、わたし、もっと動《うご》くよ。まだまだ馬《うま》のことが知《し》られていないから、支援《しえん》や寄付《きふ》のお願《ねが》いをしてまわりたい。もしなにか依頼《いらい》が入《はい》ったら教《おし》えてね。」

「わかりました！　ツイッターでももっとよびかけますね。」

相馬《そうま》になんども足《あし》を運《はこ》んで飼《か》い主《ぬし》さんたちに話《はなし》を聞《き》いてまわり、市役所《しやくしょ》の職員《しょくいん》と相談《そうだん》を重《かさ》ねる。

なるべく時間《じかん》を作《つく》って、積極的《せっきょくてき》にラジオや雑誌《ざっし》などのメディアにも出《で》るようにした。犬《いぬ》や猫《ねこ》などのペットにくらべて、知《し》られていない馬《うま》の現状《げんじょう》を伝《つた》えるためだ。

ほかにも、支援《しえん》や寄付《きふ》をお願《ねが》いする被災馬《ひさいば》のチラシを作《つく》った。

「このチラシをイグレットに来《き》た人《ひと》にわたしたり、知《し》り合《あ》いにくばってもらえる？」

長男《ちょうなん》や次女《じじょ》にもたのむ。

「作《つく》ったの？　すごいじゃない。わかった。馬《うま》だけじゃなく、犬《いぬ》や猫《ねこ》に関係《かんけい》するところにもお願《ねが》いしてみる。」

「ありがとう、よろしくね。」

支援《しえん》が長引《ながび》いて、とちゅうで何度《なんど》も赤字《あかじ》になりかけたが、みなさんのおかげでなんとかつなぐことができた。

『馬《うま》たちに食《た》べさせてあげてください。』と、ポニー牧場《ぼくじょう》にたくさんのリンゴやニンジンがとどくこともあったし、騎手《きしゅ》や調教師《ちょうきょうし》さん、海外《かいがい》の学校《がっこう》からの寄付《きふ》もあった。

そうした中《なか》、九頭《とう》は順番《じゅんばん》に新《あたら》しい飼《か》い主《ぬし》さんのもとへ旅立《たびだ》っていった。

まず出発《しゅっぱつ》したのは、ファーストだ。新《あたら》しい飼《か》い主《ぬし》さんは、津波《つなみ》で馬《うま》を亡《な》くした地元《じもと》の方《かた》だ。茨城県《いばらきけん》の乗馬《じょうば》クラブに引《ひ》きとられたのは、フォーチュンとチトセチャン。

ビッグウェーヴは、秋田県《あきたけん》のYさん《ワイ》のもとへ。ピーチガールは福島《ふくしま》の磐梯高原南ヶ丘牧《ばんだいこうげんみなみがおかぼく》場《じょう》、フクとレンの二頭《とう》は神奈川《かながわ》の乗馬《じょうば》クラブだ。

フラは、千葉県《ちばけん》の個人《こじん》の方《かた》に引《ひ》きとられ、乗馬学校《じょうばがっこう》で生徒《せいと》さんを乗《の》せる。そして最後《さいご》は、ノア。青森《あおもり》の駒《こま》っこランドで引《ひ》き馬《うま》の仕事《しごと》が待《ま》っている。

それぞれが、もらわれていく先《さき》は、東北《とうほく》から関西《かんさい》まで全国各地《ぜんこくかくち》だ。

「どうか元気《げんき》でね！　新《あたら》しいところでがんばるんだよー！」

あんなにひどいけがでたおれそうだった馬《うま》が、新《あたら》しい道《みち》を歩《あゆ》みだしていくすがたはうれしくも、ほこらしくもあった。

なにもできなくてもいい。生《い》きているだけでいい。震災《しんさい》を生《い》きのびた馬《うま》たちは、存在《そんざい》しているだけで、わたしたちに勇気《ゆうき》をくれる。新天地《しんてんち》でのかつやくを心《こころ》からいのるばかりだ。

被災馬《ひさいば》の支援《しえん》は、最終的《さいしゅうてき》に二年近《ねんちか》くの長期《ちょうき》にわたった。エサを配布《はいふ》して支援《しえん》した馬《うま》は、九か月《げつ》で千百頭以上《とういじょう》にもなる。

その間《あいだ》、名前《なまえ》も名乗《なの》らず寄付《きふ》してくださった多《おお》くの人《ひと》たちがいる。しかも今《いま》も毎月《まいつき》のようにお金《かね》を送《おく》ってくださる人《ひと》もいて、頭《あたま》が下《さ》がるばかりだ。

そのようなみなさんが、引退馬協会《いんたいばきょうかい》によせてくださった支援《しえん》は千九百件以上《けんいじょう》になり、寄《き》付《ふ》の総額《そうがく》は三千万円《まんえん》をこえている。

そして引退馬協会《いんたいばきょうかい》でも、避難《ひなん》が長期化《ちょうきか》した被災馬《ひさいば》のなかからエナコ、おにくん、コッチャン、チトセチャンの四頭《とう》をフォスターホースに受《う》け入《い》れた。この四頭《とう》は引退馬協会《いんたいばきょうかい》の活動《かつどう》に賛同《さんどう》して下《くだ》さった全国《ぜんこく》の方々《かたがた》にあずけることになった。

茨城《いばらき》の乗馬《じょうば》クラブに引《ひ》きとられたチトセチャンは、独立《どくりつ》したオーナーにつれられて、栃木《とちぎ》へうつっていた。しかし、脚《あし》の具合《ぐあい》がよくないため、引退馬協会《いんたいばきょうかい》で引《ひ》きとることにしたのだ。

エナコは残念《ざんねん》ながら、その後病気《ごびょうき》で亡《な》くなってしまったけれど、コッチャンとチトセチャンは鹿児島《かごしま》で、おにくんは福島《ふくしま》で元気《げんき》にくらしている。

被災馬支援《ひさいばしえん》の経験《けいけん》で実感《じっかん》したことは、枠《わく》をこえたつながりが大《おお》きな力《ちから》を生《う》みだすということだ。個人《こじん》や一団体《いちだんたい》で動《うご》こうと思《おも》っても、できることに限界《げんかい》がある。

けれど、あのとき、被災馬《ひさいば》のために全国《ぜんこく》の人《ひと》が力《ちから》を貸《か》してくれた。

同《おな》じように、組織《そしき》や立場《たちば》をこえて協力《きょうりょく》しあえたら、もっとできることがある。

そう考《かんが》えたわたしは、引退馬《いんたいば》にかかわっている団体《だんたい》に声《こえ》をかけ、引退《いんたい》した馬《うま》や高齢馬《こうれいば》の情報交換《じょうほうこうかん》をしあう連絡会《れんらくかい》を立《た》ちあげたり、競馬場《けいばじょう》での引退馬《いんたいば》の写真展《しゃしんてん》を企画《きかく》した。

そして今《いま》、世界《せかい》に新《あたら》しい動《うご》きが生《う》まれている。

アメリカやイギリスなど、競馬先進国《けいばせんしんこく》を中心《ちゅうしん》とした組織《そしき》が作《つく》られ、世界全体《せかいぜんたい》で引退《いんたい》した馬《うま》に対《たい》する取《と》りくみを行《おこな》うと決《き》まったのだ。

日本《にほん》でもJRA《ジェイアールエー》を中心《ちゅうしん》に、引退馬《いんたいば》を生《い》かそうとする動《うご》きが始《はじ》まり、わたしもさまざまな場《ば》によばれている。

グラールストーンから始《はじ》まったフォスターペアレント制度《せいど》。あのころは引退馬《いんたいば》という言葉《ことば》もなかった。まさか、こんな日《ひ》が来《く》るなんて……。


小《ちい》さいころから、ずっとなにかやりたいと思《おも》っていた。やりたいと思《おも》うと、やらずにはいられなかった。けれど、ほんとうにやりたいことは、なかなか見《み》つからなかった。なにをやっても、いつも物足《ものた》りなさが残《のこ》った。それなのに、今《いま》は充実感《じゅうじつかん》でいっぱいだ。

和馬《かずま》さんを失《うしな》ったことは大《おお》きな悲《かな》しみだったけれど、まるでその悲《かな》しみとひきかえのように、和馬《かずま》さんは最高《さいこう》のプレゼントを残《のこ》してくれていた。

愛《あい》する馬《うま》たち、犬《いぬ》や猫《ねこ》たち、そして、子《こ》どもたち……。

すべてが、ここにつながっていたのかもしれない。

長《なが》い間《あいだ》、自分《じぶん》さがし、自分《じぶん》の夢《ゆめ》さがしに、気《き》をもんできた。

けれど、いちばんさがしていたものは、いちばんたいせつなことは、すぐそばにあった。わたしの足《あし》もとに。みんな、み〜んな！

その夢《ゆめ》に生《い》きることは、同時《どうじ》に多《おお》くの命《いのち》と生《い》きることだった。

たくさんの命《いのち》と出会《であ》い、そして見送《みおく》ってきた。

わたしをはげましてくれたオセロは、二〇一二年《ねん》十二月《がつ》に、三十歳《さい》で亡《な》くなった。物音《ものおと》におどろいてにげたときに、腰《こし》を痛《いた》め、ついに立《た》つことができなくなったのだ。

和馬《かずま》さんがつれてきたオセロ。ずっといっしょにくらしてきた。オセロがいなくなったあとは、まるで守《まも》り神《がみ》が消《き》えたようだった。

警戒心《けいかいしん》が強《つよ》かったフェノマも、二〇一六年《ねん》八月《がつ》に、この世《よ》を去《さ》った。心臓発作《しんぞうほっさ》だった。バランスをくずして、たおれこんだフェノマは、起《お》きあがることをあきらめなかった。何度《なんど》も脚《あし》に力《ちから》を入《い》れて、ふんばる。そのとき、心臓《しんぞう》につよい負荷《ふか》がかかってしまい、発《ほっ》作《さ》が起《お》きてしまった。二十四年《ねん》の生涯《しょうがい》だった。

だれもが、かけがえのない存在《そんざい》だ。それぞれの中《なか》に、いだいている可能性《かのうせい》がある。見《み》ているだけではわからない。自分《じぶん》でも気《き》づいていない、かぎりない可能性《かのうせい》がぜったいにあるのだ。

わたしだって、まさか馬《うま》の仕事《しごと》が生涯《しょうがい》の生《い》きがいになるなんて夢《ゆめ》にも思《おも》わなかった。

馬《うま》たちが教《おし》えてくれた。馬《うま》たちがしめしてくれた。

だからこそ、だれもが、その可能性《かのうせい》を開《ひら》いてほしい。一瞬一瞬《いっしゅんいっしゅん》を、いきいきとかがやかせて生《い》きてほしい。

そのために、わたしはまた、ここから歩《ある》きだす。守《まも》るべきものたちのために……。

沼田《ぬまた》さんはクラブハウスに、グラールストーン（向《む》かって左《ひだり》）、トウショウフェノマ（向《む》かって右《みぎ》）の写真《しゃしん》をかざっている。

あとがき

今回《こんかい》のお話《はなし》の主人公《しゅじんこう》、沼田恭子《ぬまたきょうこ》さんとわたしは、広島県北部《ひろしまけんほくぶ》の山《やま》あいの町《まち》に生《う》まれ、家《いえ》が向《む》かいあっていたことから、姉妹《しまい》のように育《そだ》ちました。

年齢《ねんれい》はわたしのほうが一歳下《さいした》ですが、何《なに》をするのもいっしょ。学校《がっこう》に行《い》くのも、習《なら》いごとに通《かよ》うのも、もちろん遊《あそ》ぶのも。

わたしが四年生《ねんせい》のころ、「家出《いえで》しよう。」ということになり、リュックに着《き》がえを入《い》れ、お弁当《べんとう》を作《つく》って、おたがいの家《いえ》を出《で》たことがありました。ところが、ぷらぷらして、川辺《かわべ》まで行《い》き、お弁当《べんとう》を食《た》べているうちに気持《きも》ちが落《お》ち着《つ》いてしまい、「そろそろ帰《かえ》ろうか。」となりました。

二人《ふたり》にとって苦《にが》い思《おも》い出《で》もあります。本文《ほんもん》の中《なか》にもありますが、近所《きんじょ》の家《いえ》の庭《にわ》で飼《か》われていたジョンという犬《いぬ》に追《お》いかけられたことです。とにかくオオカミみたいなこわい顔《かお》をしていて、わたしたちを見《み》ると、いつも大声《おおごえ》でほえるのです。

ある日《ひ》のこと、ジョンのリードがはずされているのに気《き》づかず、いつもどおり家《いえ》の前《まえ》を通《とお》りかかったわたしたちに、ジョンはうなり声《ごえ》をあげると、急《きゅう》に庭《にわ》から飛《と》び出《だ》してきました。

「にげよう！」

わたしたちは全力《ぜんりょく》で走《はし》り出《だ》します。けれど背後《はいご》からジョンのほえる声《こえ》が追《お》いかけてきます。走《はし》って走《はし》って神社《じんじゃ》までにげたわたしたちですが、長《なが》い階段《かいだん》を上《あ》がっているとき、ジョンに追《お》いつかれてしまいました。

「死《し》んだフリ！」

沼田《ぬまた》さんが言《い》い、わたしたちは二人《ふたり》とも階段《かいだん》に寝《ね》そべりました。以前《いぜん》、万《まん》が一《いち》クマに出《で》くわしたら死《し》んだフリをするのがいいと聞《き》いたことがあったからです（この方法《ほうほう》がホントなのかはわかりません）。

ジョンが近《ちか》づいてきました。こわくて、目《め》をぎゅっと固《かた》く閉《と》じます。ジョンはヨダレをたらしながら、わたしと沼田《ぬまた》さんの顔《かお》をペロペロとなめはじめました。こわくてこわくて、息《いき》さえとめていましたが、ジョンはひとしきりなめると、ふいにあたりをきょろきょろ見《み》まわし、そのまますごすごと帰《かえ》っていきました。

それ以来《いらい》、わたしたちは犬《いぬ》をはじめ動物《どうぶつ》が大《だい》のにがてになったのです。ところが、今《いま》、沼田《ぬまた》さんは多《おお》くの馬《うま》たちはもちろんのこと、数匹《すうひき》の犬《いぬ》や猫《ねこ》、ニワトリまでいっしょに生活《せいかつ》しています。それどころか、馬《うま》を助《たす》ける仕事《しごと》をするなんて、子《こ》どものころには想像《そうぞう》することさえできませんでした。

東日本大震災《ひがしにほんだいしんさい》の折《おり》、被災《ひさい》した馬《うま》たちを救《すく》うために立《た》ち上《あ》がったときの沼田《ぬまた》さんは、親友《しんゆう》ながら、とってもカッコよかった。

夫《おっと》を亡《な》くしたり、経営困難《けいえいこんなん》におちいったり、スタッフのことで苦労《くろう》したり、さまざまな試練《しれん》をかいくぐりながら、そのたびに立《た》ち上《あ》がり、つねに前《まえ》を向《む》いて進《すす》んでいく沼田《ぬまた》さんに、わたしもどれほどはげまされたことでしょう。

つらいことや悲《かな》しいことが、じつは次《つぎ》の扉《とびら》を開《ひら》いてくれる大《おお》きなきっかけとなることを、わたしも沼田《ぬまた》さんに教《おし》えられたように思《おも》います。人間《にんげん》も動物《どうぶつ》も、ダメな子《こ》なんていない。目《め》には見《み》えないけれど、だれの中《なか》にも、いっぱいの可能性《かのうせい》があることにも気《き》づきました。

以前書《いぜんか》いた『ペガサスの翼《つばさ》』というわたしの作品《さくひん》は、まさに沼田《ぬまた》さんの乗馬《じょうば》クラブをモデルにしたもの。また『パセリ伝説《でんせつ》』や『風《かぜ》を道《みち》しるべに』などの作品《さくひん》にも馬《うま》が出《で》てきますが、やはり沼田《ぬまた》さんの存在《そんざい》あってこそです。

沼田《ぬまた》さんとは、おさないころより、もう何十年《なんじゅうねん》ものつきあいになります。だから、沼田《ぬまた》さんの性格《せいかく》はもちろん、行動《こうどう》パターンや、考《かんが》えることも、だいたい察《さっ》しがついてしまいます。

そんなあいだがらでもあることから、今回《こんかい》のお話《はなし》は沼田《ぬまた》さんの許可《きょか》をえて、わたしが沼《ぬま》田《た》さんになりかわって書《か》いたものです。書《か》きながら、あらためて「ほんとうによくがんばったね。」と言《い》いたい気持《きも》ちになりました。

また、いっしょに取材《しゅざい》に行《い》ってくださった担当編集者《たんとうへんしゅうしゃ》のT《ティー》さんも、もう長《なが》いつきあいなのに、じつは馬《うま》が大好《だいす》きだったことを、今回初《こんかいはじ》めて知《し》り、うれしくなりました。とてもすばらしい本《ほん》にしてくださり、心《こころ》より感謝《かんしゃ》しております。

ほんとうに、ありがとうございました。

倉橋燿子《くらはしようこ》

＊著者紹介

倉橋燿子《くらはしようこ》

広島県生まれ。上智大学文学部卒業後、出版社に勤める。その後、フリーの編集者、コピーライターを経て、執筆活動をはじめる。おもな作品に、『パセリ伝説（全12巻）』『パセリ伝説外伝　守り石の予言』「ラ・メール星物語」シリーズ、「魔女の診療所」シリーズ、「ドジ魔女ヒアリ」シリーズ、「ポレポレ日記《ダイアリー》」シリーズ、『小説　聲の形（全２巻　原作・大今良時）』、「夜カフェ」シリーズ（いずれも講談社青い鳥文庫）、『風の天使《エンジェル》』（ポプラ社）などがある。

＊撮影／杉山和行《すぎやまかずゆき》（講談社写真部《こうだんしゃしゃしんぶ》）
（p4−5、p.17、p.23、p.55、p.101）
＊図表作成／茂原敬子《もはらけいこ》

NPO法人引退馬協会　http://rha.or.jp/

＊この作品は書き下ろしです。

講談社　青い鳥文庫

生《い》きているだけでいい！
馬《うま》がおしえてくれたこと
倉橋《くらはし》耀《よう》子《こ》

2017年9月15日　第1刷発行
2021年5月27日　第2刷発行

（定価はカバーに表示してあります。）

発行者　鈴木章一
発行所　株式会社講談社
東京都文京区音羽2-12-21　郵便番号112-8001
電話　編集（03）5395-3536
販売（03）5395-3625
業務（03）5395-3615

N.D.C.913　186p　18cm

装　丁　krran（西垂水 敦・坂川朱音）
久住和代
印　刷　図書印刷株式会社
製　本　図書印刷株式会社
本文データ制作　講談社デジタル製作

KODANSHA

（落丁本・乱丁本は、購入書店名を明記のうえ、小社業務あてにお送りください。送料小社負担にておとりかえします。）

■この本についてのお問い合わせは、青い鳥文庫編集まで、ご連絡ください。

ISBN978-4-06-285658-4

ノンフィクション

ほんとうにあった 戦争《せんそう》と平和《へいわ》の話《はなし》

野上《のがみ》 暁《あきら》/監修

戦争はどうしていけないの？ 平和ってなに？ 事実だけが持つ感動がいっぱいの14の物語と3つの小さなお話を、写真とイラストたっぷりでお届けします。

わたし、がんばったよ。 急性骨髄性白血病《きゅうせいこつずいせいはっけつびょう》をのりこえた女《おんな》の子《こ》のお話《はなし》。

岩貞《いわさだ》るみこ／文　松本《まつもと》ぷりっつ／絵

急性骨髄性白血病をのりこえた美咲《みさき》ちゃんと家族。自分の病気をお友だちにもっと知ってもらいたい、と美咲ちゃんは絵本を書きました。わたし、がんばったよ。

命《いのち》をつなげ！ドクターヘリ２ 前橋赤十字病院《まえばしせきじゅうじびょういん》より

岩貞《いわさだ》るみこ／文

一秒でも早く病気の人や、けがを負った人の治療を始めるために、ドクターヘリは今日も空を飛ぶ。ひとつの命を救うために、戦い続ける人たちの感動のドラマ。

命《いのち》をつなげ！ドクターヘリ 日本医科大学千葉北総病院《にほんいかだいがくちばほくそうびょういん》より

岩貞《いわさだ》るみこ／作

「ぜったいに、助ける！」救命救急の医師、看護師はもちろん、オペレーター、消防隊、ヘリコプターの機長や整備士も——ひとつの命を救うため、奮闘する！

新選組《しんせんぐみ》 幕府《ばくふ》を守《まも》ろうとした男《おとこ》たち

楠木誠一郎《くすのきせいいちろう》／文
山田章博《やまだあきひろ》／絵

剣に生き、剣に死す。テロが頻発する幕末の京都で、剣の技だけを頼りに、幕府のために戦い続けた「新選組」。若い命を燃やした男たちのすべてを目撃せよ！

ナイチンゲール 「看護《かんご》」はここから始《はじ》まった

村岡花子《むらおかはなこ》／文
丹地陽子《たんじようこ》／絵

クリミア戦争中、看護師チームを率い、軍の病院で活動。兵士の看護のほか、衛生状況を改善するなど、看護の基本を作ったナイチンゲール。その人生とは……。

しっぽをなくしたイルカ
沖縄美《おきなわちゅ》ら海水族館《うみすいぞくかん》フジの物語《ものがたり》

岩貞《いわさだ》るみこ／作　加藤文雄《かとうふみお》／写真

イルカのフジは病気で尾びれをなくし、泳がなくなってしまった。泳ぎを取りもどさせたい！　世界初のイルカの人工尾びれをつくるプロジェクトがはじまった。

もしも病院《びょういん》に犬《いぬ》がいたら
こども病院《びょういん》ではたらく犬《いぬ》、ベイリー

岩貞《いわさだ》るみこ／作

病院にはつらいことがたくさん。だけど、ベイリーがやってきて毎日が楽しくなった！　日本ではじめて、こども病院ではたらく犬、ベイリーのお話です。

ハチ公物語《こうものがたり》待《ま》ちつづけた犬《いぬ》

岩貞《いわさだ》るみこ／作　真斗《まと》／絵
田丸瑞穂《たまるみずほ》／写真

雨の日も雪の日も、主人の帰りを駅で待つ……。日本一有名な秋田犬のハチと、やさしい飼い主のあたたかい心の交流を描く。別れのせつなさに胸をうたれます。

タロとジロ南極《なんきょく》で生《い》きぬいた犬《いぬ》

東《ひがし》 多江子《たえこ》／文　佐藤《さとう》やゑ子《こ》／絵
岩合光昭《いわごうみつあき》／写真

第一次南極観測越冬隊とともに南極で働き、隊員にとっても大事な仲間だったカラフト犬のタロとジロ。しかし１年後、犬たちに悲しい運命が待っていた――。

犬《いぬ》の車《くるま》いす物語《ものがたり》

沢田俊子《さわだとしこ》／文

飼い犬が車いすで元気になったのをきっかけに、車いすを作る仕事を始めた川西《かわにし》さんご夫妻。車いすを作ってもらった犬たちにはそれぞれのドラマがありました。

盲導犬不合格物語《もうどうけんふごうかくものがたり》

沢田俊子《さわだとしこ》／文
佐藤《さとう》やゑ子《こ》／絵

不合格になるのは「ダメな犬」だからなのでしょうか？　訓練を受けても、約半数は盲導犬になれません。では"不合格犬"たちは、その後どうなるのでしょう？

大人気シリーズ!!

感動＆ほっこり 共感度200%

『夜《よる》カフェ シリーズ』

倉橋燿子《くらはしようこ》／作　たま／絵

・・・・・・・・ ストーリー ・・・・・・・・

中学受験に失敗し、人間関係でつまずいたハナビは、家を飛び出し、カフェを営む叔母さんの家へ。そこで高校生のヤマトと出会ったハナビは、みんなでごはんを食べる場所「夜カフェ」 をはじめる。

主人公

黒沢花美《くろさわはなび》（ハナビ）

『小説《しょうせつ》 ゆずのどうぶつカルテ シリーズ』

伊藤《いとう》みんご／原作・絵　辻《つじ》みゆき／文
日本《にっぽん》コロムビア／原案協力

・・・・・・・・ ストーリー ・・・・・・・・

小学５年生の森野柚は、お母さんが病気で入院したため、獣医をしているお母さんの弟・秋仁《あきひと》叔父さんと「青空町わんニャンどうぶつ病院」で暮らすことに。柚の獣医見習いの日々がはじまります！

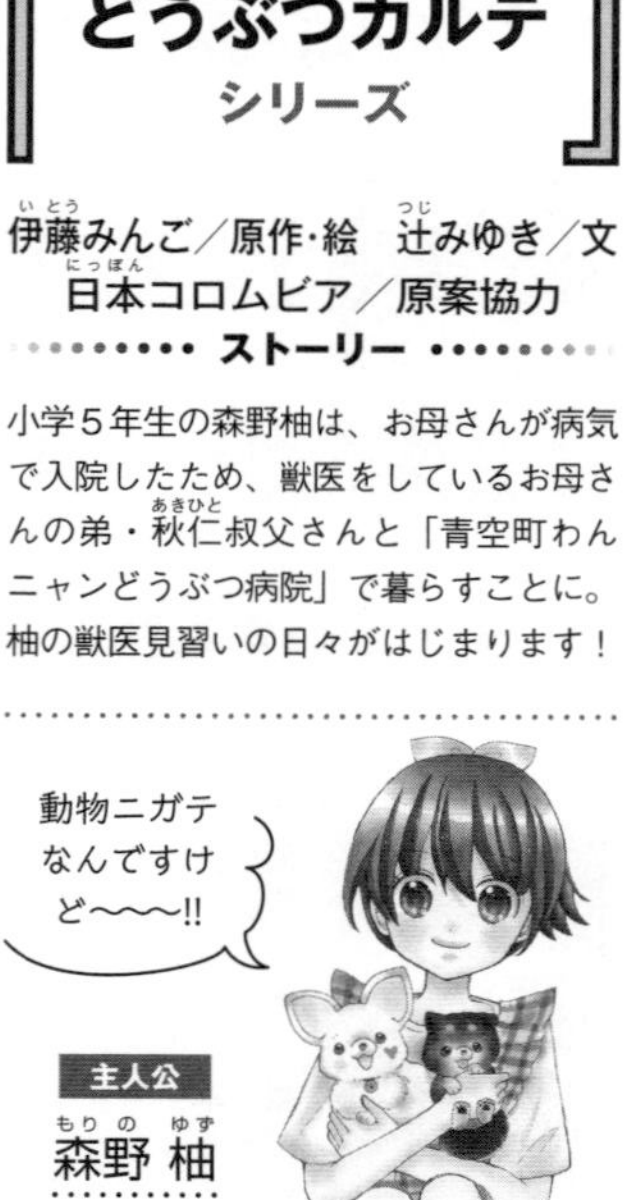

主人公

森野《もりの》 柚《ゆず》

魔法&ファンタジー

『ディズニーランド防衛部《ぼうえいぶ》シリーズ』

リドリー・ピアソン／作
富永晶子《とみながあきこ》／訳　松田崇志《まつだたかし》／絵

••••••• ストーリー •••••••

夜のディズニーランドに招集された５人の防衛部メンバー。誰もいないアトラクションに潜入し、ウォルト・ディズニーが隠しておいたヒントを解いて悪い魔女を倒すのだ！　さあ、世界を救えるか!?

悪を倒す
魔法のヒントを
さがしだせ！

『黒魔女《くろまじょ》さんが通《とお》る!!
&
6年《ねん》1組《くみ》 黒魔女《くろまじょ》さんが通《とお》る!!
シリーズ』

石崎洋司《いしざきひろし》／作
藤田《ふじた》 香《かおり》&亜沙美《あさみ》／絵

••••••• ストーリー •••••••

魔界から来たギュービッドのもとで黒魔女修行中のチョコ。「のんびりまったり」が大好きなのに、家ではギュービッドのしごき、学校では超・個性的なクラスメイトの相手、と苦労が絶えない毎日！

早くふつうの
女の子に
もどりたい。

主人公
黒鳥千代子《くろとりちよこ》
（チョコ）

「講談社《こうだんしゃ》 青《あお》い鳥文庫《とりぶんこ》」刊行《かんこう》のことば

太陽《たいよう》と水《みず》と土《つち》のめぐみをうけて、葉《は》をしげらせ、花《はな》をさかせ、実《み》をむすんでいる森《もり》。小鳥《ことり》や、けものや、こん虫《ちゅう》たちが、春《はる》・夏《なつ》・秋《あき》・冬《ふゆ》の生活《せいかつ》のリズムに合《あ》わせてくらしている森《もり》。森《もり》には、かぎりない自然《しぜん》の力《ちから》と、いのちのかがやきがあります。

本《ほん》の世界《せかい》も森《もり》と同《おな》じです。そこには、人間《にんげん》の理想《りそう》や知恵《ちえ》、夢《ゆめ》や楽《たの》しさがいっぱいつまっています。

本《ほん》の森《もり》をおとずれると、チルチルとミチルが「青《あお》い鳥《とり》」を追《お》い求《もと》めた旅《たび》で、さまざまな体験《たいけん》を得《え》たように、みなさんも思《おも》いがけないすばらしい世界《せかい》にめぐりあえて、心《こころ》をゆたかにするにちがいありません。

「講談社《こうだんしゃ》 青《あお》い鳥文庫《とりぶんこ》」は、七十年《ねん》の歴史《れきし》を持《も》つ講談社《こうだんしゃ》が、一人《ひとり》でも多《おお》くの人《ひと》のために、すぐれた作品《さくひん》をよりすぐり、安《やす》い定価《ていか》でおおくりする本《ほん》の森《もり》です。その一さつ一さつが、みなさんにとって、青《あお》い鳥《とり》であることをいのって出版《しゅっぱん》していきます。この森《もり》が美《うつく》しいみどりの葉《は》をしげらせ、あざやかな花《はな》を開《ひら》き、明日《あす》をになうみなさんの心《こころ》のふるさととして、大《おお》きく育《そだ》つよう、応援《おうえん》を願《ねが》っています。

昭和《しょうわ》五十五年《ねん》十一月《がつ》

講　談　社